AF466455

NOTICES

HISTORIQUES ET BIOGRAPHIQUES

SUR LA VILLE ET LE CANTON

D'AUMALE.

Amiens. — Imp. de DUVAL et HERMENT.

NOTICES

HISTORIQUES ET BIOGRAPHIQUES

SUR LA

VILLE ET LE CANTON

D'AUMALE,

PAR E. A. PAPE,

Ancien Elève de l'Ecole Normale Primaire de Rouen.

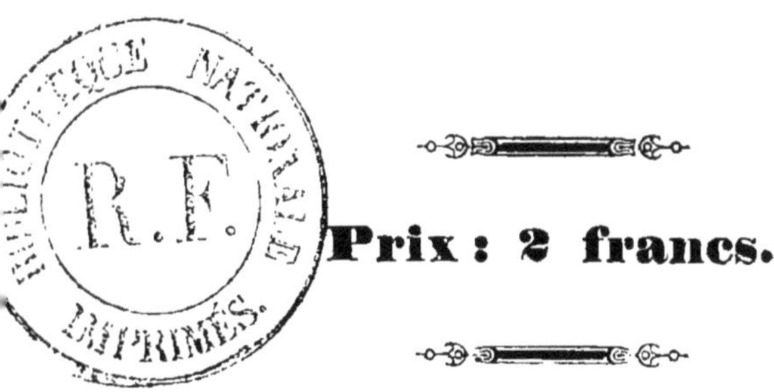

Prix : 2 francs.

SE TROUVE :

A AUMALE, chez M.me V.e CARON, LIBRAIRE.

1849.

PREMIÈRE PARTIE.

VILLE D'AUMALE.

NOTICES HISTORIQUES.

Sur les frontières de la Normandie, au sein d'une robuste et riante végétation, se trouve une petite ville, assise au pied d'un côteau baigné par une rivière, et environnée de collines couvertes de bois. Cette petite ville, c'est **Aumale**, cette rivière, c'est la **Bresle**.

L'origine d'Aumale se perd dans la nuit des temps, et les noms que cette ville porte dans les diverses chartes, sont ceux de : *Alba Mala*, *Alba Marla*, *Aulmacum* ; puis, en 1200, elle prit celui *d'Aubmale*, qui devint plus tard, *Aumalle*, et enfin, *Aumale*. Son nom latin, qui signifie : *Marne Blanche*, lui fut, probablement, donné à cause de la marne abondante, qui forme une grande partie du sol.

Aumale était le chef-lieu d'un comté qui fut compris dans la cession faite, en 911, par Charles-le-Simple, à Rollon.

Le premier comte que l'on connaisse est **Guérinfroy**, compagnon de ce chef des Normands, qui lui en fit cadeau. Il fonda, en 996, l'abbaye d'Auchy et le premier château de la ville, qui fut détruit en 1558, et remplacé dans le XVI.e siècle, par un autre, rasé en 1793, et dont il ne reste plus que des débris insignifiants.

Ce château, placé sur la cîme d'un côteau, était entouré de fossés larges et profonds et de fortifications importantes; il communiquait avec la ville par un pont-levis placé à la porte dite du *Hamel*. Les bois de la Garenne, les fermes du Bailly et de la Motte, ainsi que les prairies situées entre ces deux fermes, étaient renfermés dans son enceinte, et l'un des souterrains conduisait à la ferme dite *la Bretagne*.

Le fils et successeur de Guérinfroy fut tué, en 1048, dans un combat entre Guillaume-le-Bâtard, duc de Normandie et le comte d'Anjou.

Thomas, comte d'Aumale, en 1066, suivit Guillaume-le-Conquérant, duc de Normandie, en Angleterre, et se couvrit de gloire à la bataille d'Hastings, qui mit le duc sur le trône de la Grande-Bretagne. Les *Albemarle*, d'Angleterre, descendent de lui.

En 1089, la ville d'Aumale fut prise par Guillaume-le-Roux, roi d'Angleterre, sur Robert, duc de Normandie; et, d'après le traité fait entre eux, cette ville resta au roi d'Angleterre.

Eudes, comte de Champagne, vers 1090, était, en même temps, comte d'Aumale. Cet apanage lui avait été donné, dit-on, par Jean, archevêque de Rouen, à la condition de porter sa bannière, et de le suivre avec dix chevaliers.

Dans la liste des personnages de distinction qui, en 1096, suivirent Robert II, duc de Normandie, à Jérusalem, on remarque un comte d'Aumale.

En 1172, Philippe, comte de Flandre (qui soutenait le jeune Henri, surnommé Court-Mantel, révolté contre son père, Henri II, roi d'Angleterre et duc de Normandie), emporta Aumale d'assaut et fit la garnison prisonnière, avec le comte, qui, pour obtenir sa liberté, fut obligé de lui remettre ses forteresses.

L'armée de Richard-Cœur-de-Lion, duc de Normandie et roi d'Angleterre, pilla Aumale et brûla Blangy, en 1189.

Au commencement de 1193, Jean de Ponthieu, prit Aumale. La même année, Philippe-Auguste, roi de France, profitant de la captivité de Richard, alors prisonnier de Henri VI, empereur d'Allemagne, prit Aumale à son tour, et ne rendit cette ville à Richard, qu'en 1195.

Philippe-Auguste, par ce siége, qui dura deux mois, ayant entièrement ruiné cette ville, elle fut obligée de resserrer son enceinte dans des bornes plus étroites.

En 1196, ce prince revint assiéger, de nouveau, la ville d'Aumale, l'emporta d'assaut, et reçut, de Richard, trois mille marcs d'argent pour la rançon des hommes qui avaient défendu cette malheureuse ville et son château.

Le comté d'Aumale fut donné à Philippe de France, par son frère, le roi Louis VIII, en 1224. Après sa mort, il passa dans les mains de Simon de Dammartin, fils d'Albéric II, qui prit le titre de comte d'Aumale, et qui avait épousé Marie de Ponthieu, fille de Guillaume IV et d'Alix de France, fille du roi Louis VII.

Après lui, ce comté fut possédé par Jean de Ponthieu, en **1325**; par Blanche de Ponthieu, en **1340**, et en **1420**, par Jean VIII, tué le **19** août **1424**, à la bataille de Verneuil, où les Anglais avaient pour chef le duc de Bedfort, qui, depuis la mort du roi Henri V, se disait régent de France; puis, en **1508**, par Claude de Lorraine.

En **1547**, Henri II, érigea le comté d'Aumale en *Duché-pairie*, en faveur de François de Lorraine, fils de Claude II, pour récompenser celui-ci de ses services éminents et de son amitié intime. Il lui accorda, à ce titre, la prérogative d'assister à son sacre et couronnement *au rang et nombre des six pairs de France laïcs.*

Le titre de duc d'Aumale est porté, de nos jours, par Henri-Eugène-Philippe-Louis d'Orléans, quatrième fils de Louis-Philippe, ex-roi des Français. Ce monarque, ayant été détrôné en février **1848**, le duc d'Aumale, lieutenant-général et gouverneur-général de l'Algérie, l'a suivi, dans l'exil, avec les autres membres de sa famille.

Voici comment s'exprime le Dictionnaire universel d'histoire et de géographie, de Bouillet, à l'article intitulé : **Aumale.** (Cet article est un peu différent de ce qui précède et qui est tiré des archives de la ville.)

« *Albemarle* fut érigé en comté, vers 1070, par Guil-
» laume-le-Conquérant, en faveur d'Eudes de Champa-
» gne; mais, en **1194**, Philippe-Auguste s'empara de
» ce comté, sur les Anglais, et le donna à Simon de Dam-
» martin. Le titre de *comte d'Albemarle* ne fut plus, dès-
» lors, que nominal, en Angleterre; en France, le comté
» subsista, et le nom d'*Albemarle* se changea, par cor-
» ruption, en celui d'*Aumale*.

» Jeanne, fille de Simon, porta ce comté dans la maison » de Castille, qui le conserva, jusqu'en 1342. Il passa, » par mariage, dans celle d'Harcourt, d'où il fut » transmis, en 1471, à Réné II, duc de Lorraine, par » son mariage avec Jeanne d'Harcourt. Sous Claude II, » petit-fils de Réné II, le comté d'Aumale fut érigé en » *duché-pairie*, en 1547.

» Anne de Lorraine, fille de Charles de Lorraine, » épousa, en 1618, Henri de Savoie, duc de Nemours, » et transporta le duché d'Aumale dans la maison de Sa- » voie, où il resta, jusqu'en 1675. Il fut alors acheté par » Louis XIV, et donné à Louis-Auguste de Bourbon, duc » du Maine, prince légitime de France. Enfin, par le ma- » riage d'une petite-fille de ce prince avec le duc d'Or- » léans, en 1769, il entra dans la maison d'Orléans, qui » possède, encore, la terre d'Aumale. »

Le village de **Fourcigny** (Somme) possédait, jadis, une terre (un fief et une seigneurie) qui relevait, autrefois, du duché d'Aumale. Cette terre fut confisquée, au profit du roi, par la félonie de Raoul-le-Sage, qui avait pris parti pour les Anglais contre la France.

Le roi de France, Charles VII, en fit don, à Jean, comte d'Harcourt et d'Aumale, en 1436.

En 1549, on construisit les remparts d'Aumale, ainsi que le fort dit : *de Romescamps* (Campus Romæ), nom d'une commune du département de l'Oise, située à peu de distance d'Aumale. Ce fort était situé à l'extrémité de la promenade connue sous le nom de *Petit-Mail*.

Le mardi 4 février 1592, Henri IV, roi de France, fut blessé à Aumale par un cavalier de l'armée d'Alexandre

Farnèse, duc de Parme, qui était à la tête des ligueurs et que favorisait Charles de Lorraine, duc d'Aumale, cousin germain des Guises et fauteur des troubles qui désolèrent alors la Normandie et la Picardie.

Henri fut sauvé par la présence d'esprit d'une femme d'Aumale, nommée JEANNE **Leclerc**, qui baissa le pont-levis de la porte dite de *la Longue-Rue*, pour le passage du roi, et le releva, aussitôt après, pour empêcher les ligueurs de le poursuivre.

(La porte de la Longue-Rue, détruite en 1811, était située à l'extrémité de la rue de ce nom et depuis nommée: *Rue des Tanneurs.*) Le pont-levis est remplacé par un pont en bois, flanqué de deux pyramides en briques, élevées en commémoration de l'événement qui faillit causer la mort du bon Henri. Ce pont se nomme : *le Pont d'Henri IV.*

M. De Buri, dans son Histoire d'Henri IV, 3.ᵉ édition, 1799, raconte ainsi cette journée, où la vie de ce roi vaillant fut si exposée. (Nous y avons ajouté quelques citations qui y ont rapport.)

JOURNÉE D'AUMALE.

Le roi, qui côtoyait toujours le duc de Parme, à une certaine distance, s'était avancé, avec six mille chevaux, vers Aumale.

Givry, qu'il avait envoyé, à la tête de quelques maîtres, prendre langue, vint lui rapporter que l'armée ennemie s'avançait, droit à lui, en bon ordre, dans la plaine. Il rassembla ses troupes; mais, voyant qu'il avait trop peu de monde, pour en venir à une action générale, et qu'il en avait trop peu, pour une simple escarmouche, il renvoya toute sa cavalerie du côté de Neufchâtel, et ne garda, avec lui, que 400 gentilshommes et 500 arquebusiers à cheval, et s'avança, avec cette troupe, dans la plaine, pour reconnaître exactement l'armée ennemie.

Il monta sur un côteau, peu distant d'Aumale, avec les 900 chevaux, sans rien apercevoir, jusqu'à ce que, le brouillard s'étant dissipé, il vit venir une seconde fois Givry, qui lui apprit que l'armée ennemie était si proche, qu'on entendait les trompettes et les tambours.

Mais Henri voulut la reconnaître par lui-même, et ayant vu qu'elle marchait fort serrée, la cavalerie au milieu des bataillons, et environnée de charriots et de bagages, qui en rendaient l'approche impossible, il trouva qu'il avait encore trop de monde. Il retint seulement cent cavaliers de son escadron, et ordonna aux trois cents autres de s'arrêter, sur le penchant de la colline d'Aumale, pour être à portée de le secourir, s'il en était besoin.

Il envoya Lavardin, à la tête de 500 arquebusiers, dans un vallon prochain, pour se porter sur les fossés, les haies et les rideaux qui bordaient le chemin, afin d'arrêter ceux des ennemis qui s'avanceraient trop; et, pour lui, non-seulement il les attendit, avec ses 100 chevaux, mais encore il alla au devant.

Cependant ceux qui l'accompagnaient étaient dans les plus vives appréhensions; ils choisirent Rosny pour lui représenter le danger auquel il s'exposait, et tâcher de lui faire changer de résolution; ce qu'il fit, en ménageant les termes le plus qu'il lui fut possible.

« Voilà, reprit ce prince, un discours de gens qui ont

» eu peur ; je n'eusse jamais attendu cela de vous autres. »

Rosny répondit qu'il priait Sa majesté de ne pas faire l'injustice à ceux qui l'accompagnaient, d'avoir cette pensée d'aucun d'eux, et qu'ils lui demandaient seulement de leur donner tels ordres qu'il lui plairait, pourvu qu'il se retirât ; qu'ils n'avaient point peur pour eux, mais beaucoup de crainte qu'il ne lui arrivât quelque malheur.

Le roi répliqua : « Qu'il était persuadé de leur fidé-
» lité ; » mais, ajouta-t-il froidement, avec un air qui fit comprendre qu'il était inutile de lui en parler davantage :
« Croyez que je ne suis pas aussi étourdi que vous l'ima-
» ginez ; que je crains autant pour ma peau qu'un autre,
» et que je me retirerai, si à propos, qu'il n'arrivera
» aucun inconvénient. »

Le duc de Parme, qui ne pouvait regarder cette manœuvre si hardie que comme un piège qu'on lui tendait, pour attirer sa cavaleraie en rase campagne, où il trouverait celle du roi, supérieure à la sienne, et beaucoup meilleure, (car elle était composée, pour la plus grande partie, de gentilshommes) incertain, d'ailleurs, si toute l'armée française n'était pas dans les environs, fit halte en cet endroit. Cependant, lorsqu'il se fut assuré, par le rapport de sa cavalerie légère, qu'il n'avait, pour le moment, que 100 chevaux en tête, et que le reste de la cavalerie royale, s'il y en avait, ne pouvait être que dans un vallon assez éloigné, il fit attaquer le roi, si brusquement, et par tant d'endroits, qu'il fut poussé et rechassé, avec ceux qui l'accompagnaient, jusqu'au vallon. C'était en cet endroit qu'il aurait dû trouver les 500 arquebusiers, que commandait Lavardin, auxquels il avait ordonné de garder ce poste; mais, soit que la peur les eût saisis, soit qu'ils eussent voulu choisir un terrain plus avantageux, ils s'étaient retirés plus bas, tant il est important qu'un officier exécute, avec la dernière précision, les ordres de son général.

Le roi, croyant qu'ils étaient au poste qu'il leur avait marqué, cria, de toute sa force : *Charge!....*

A ce mot, les ennemis s'arrêtent, soupçonnant quelque embuscade; mais, voyant que ce cri n'était suivi que de quelques coups d'arquebuse, ils donnèrent avec plus d'opiniâtreté.

Encouragés par le peu de résistance qu'ils trouvèrent, ils poussèrent leur pointe et se mêlèrent avec la troupe du roi, qui se trouva réduite à se battre, contre des gens plus forts qu'elle, à coups de pistolets et d'épées.

Henri, voyant que personne ne venait à son secours, prit le parti de la retraite, presque aussi difficile que celui de la défense, parce qu'il fallait passer un pont qui était assez éloigné.

Ce prince se mit, avec un sang-froid admirable, à la queue de sa troupe, et la fit défiler vers le pont d'Aumale, qu'elle passa, sans confusion, par l'ordre qu'il y mit, et ne passa lui-même que le dernier.

Il reçut, en cette occasion, dans les reins, au défaut de sa cuirasse, un coup de feu, dont la balle ne fit qu'effleurer la peau, et c'est un grand bonheur qu'il ne reçut que celui-là. Cette blessure ne l'empêcha pas de combattre toujours au-delà du pont, en regagnant le côteau où les 300 chevaux qu'il avait envoyés firent si bonne contenance, que le prince de Parme, persuadé que, plus que jamais, qu'on cherchait à l'attirer au combat, défendit aux siens de s'avancer, et les fit revenir tous à Aumale.

Cependant la rumeur de ce coup, dit M. Legrain (*Décade de Henri IV, livre 5, page 245*), fut si grande, et porta telle épouvante parmi les troupes, que Sa Majesté fut contrainte de se montrer dans plusieurs quartiers ; jusque là que l'ennemi en ayant eu le bruit, envoya aussitôt un trompette, sous prétexte de demander l'échange de quelques prisionniers. Le roi se fit amener le trompette auquel il dit : « Je sais » bien pourquoi vous êtes envoyé : dites au duc de Parme, » votre maître, que vous m'avez vu sain et gaillard, et » bien préparé à le recevoir, quand il voudra venir »

Telle fut l'effet de la grande opinion que le prince de Parme avait conçue de la valeur et de l'habileté du roi, et de la crainte que lui avait inspirée les actions qu'il venait de faire ; sa trop grande prudence l'empêcha de finir la guerre ce jour-là, par la prise ou la mort du roi, qui étaient inévitables, s'il avait pousuivi sa pointe.

La blessure du roi ne se trouvant pas mortelle, il en remit la guérison à un autre temps. (Il alla cependant se faire panser à une ferme appelée *La Bretagne*, aujourd'hui située sur la commune d'Haudricourt et appartenant à M. François dit Félix Thiébaut, conseiller général du département et maire d'Aumale. Le fermier, nommé *Cauchois*, fut anobli, en reconnaissance de son hospitalité, sous le titre de *Le Cauchois de Plouy*. Son dernier descendant mourut dans l'émigration, et la veuve de celui-ci mourut à Aumale, le 4 novembre 1822, à l'âge de 75 ans.)

Il remonta à cheval et harcela son ennemi jusqu'à Pont-

Dormy, où le prince de Parme repassa la Somme, avec tant de précaution, qu'il ne put être entamé dans sa retraite. Il avait pris ce dernier parti parce que, le duc de Mayenne ne l'ayant pas encore joint, avec ses troupes, il craignait de trop s'engager dans un pays qu'il ne connaissait pas.

Cette dernière action, ayant été divulguée, mit le comble à l'estime et à l'admiration qu'on avait pour la personne du roi. La reine d'Angleterre le pria, par une lettre fort obligeante, de se mieux conserver et de se contenir, au moins, dans les fonctions d'un grand capitaine, si la valeur et la nécessité de ses affaires, le portaient au-delà de celles d'un roi.

Le maréchal de Biron ayant appris le péril où il s'était exposé, prit la liberté de lui dire : « Qu'il était mal séant » à un grand roi de faire le métier d'un capitaine de chevau-légers. »

Henri ayant envoyé demander au prince de Parme ce qu'il pensait de sa retraite, celui-ci répondit : « Qu'en » effet, elle était fort belle ; mais que pour lui, il ne se » mettait jamais en lieu d'où il fût contraint de se retirer. » Il ne tint pas à sa parole ; car, le 28 mai suivant, pendant la nuit, Henri vint se camper à un quart de lieue de Caudebec-en-Caux, et le força à la retraite, pendant laquelle il fut blessé, à mort, d'un coup de mousquet. Après cette retraite, ayant envoyé un trompette au roi, pour lui demander ce qu'il en pensait, Henri lui fit cette réponse brusque : « Qu'il ne se connaissait point en retraite, et que » la plus belle retraite du monde, il l'appelait une fuite. »

Ce fut en cette occasion que Duplessis-Mornay lui écrivit :

« Sire, vous avez assez fait l'Alexandre; il est temps que » vous soyez Auguste. C'est à nous de mourir pour vous, » et c'est là notre gloire. A vous, Sire, de vivre pour la » France, et j'ose vous dire que ce vous est un devoir. »

Henri ayant fait entrer dans ses gardes, le soldat qui l'avait blessé au pont d'Aumale, le reconnut, un jour, parmi eux. Voilà, dit-il avec gaîté, en montrant cet homme au maréchal d'Estrées, « voilà le soldat qui me blessa à la » journée d'Aumale. »

Depuis ce temps, la ville d'Aumale est considérablement diminué d'étendue; elle n'a plus, aujourd'hui, qu'une population de 2,091 âmes. C'est aujourd'hui un chef-lieu de canton de l'arrondissement de Neufchâtel.

Dès avant le XIII.e siècle, le corps municipal de cette ville était composé d'un maire et de plusieurs échevins, qui exerçaient la justice dans toute l'étendue de la ville et de la banlieue; et la ville ayant, alors, le droit de chevalerie, son maire prenait rang parmi les chevaliers.

Au XIII.e siècle, Aumale avait trois marchés par semaine, un franc-marché, le deuxième jeudi de chaque mois, deux foires franches, les jours de St.-Pierre et de la Décollation de St.-Jean-Baptiste, une foire, le jour de St.-Laurent, et deux autres, les jours de St.-Martin d'été et d'hiver. Celles-ci se tenaient dans un champ appartenant à l'abbaye d'Auchy, et où se trouve actuellement le cimetière de la commune de Ste.-Marguerite.

Aumale n'a plus maintenant que les foires du 20 mai, de St.-Laurent et de St.-Martin d'hiver. Son commerce consite en draps, cuirs, laines, toiles, bestiaux et grains.

Cette ville avait en outre une halle pour les grains, les merciers et autres marchands, une deuxième pour les draps et laines, une troisième pour les bouchers, et une quatrième pour les tanneurs.

La porte dite *des Chambres* fut démolie en 1794; la halle aux serges et aux laines, le fut en 1809, et l'on vient, tout récemment, de retirer huit piliers de la halle actuelle, afin de faciliter, d'un côté la circulation des voitures, et de l'autre, d'agrandir le marché aux grains.

En 1364, indépendamment de l'église principale, il existait encore, dans Aumale, deux églises succursales dédiées à St.Pierre et à Ste.-Austreberte.

En 1594, Jacques Gallemand, curé d'Aumale, fonda le collége de cette ville. Le clergé était alors composé de vingt-cinq prêtres.

Louis Calon, successeur de l'abbé Gallemand, fonda, en 1649, un couvent de pénitents du Tiers-Ordre de St.-François. C'est dans ce couvent, supprimé à la Révolution, que fut transféré, en 1817, le collége, primitivement situé rue St.-Lazarre.

Par ordonnance royale, du 18 février 1687, la ville d'Aumale fut autorisée à établir, à ses frais, *un maistre escrivain et deux Filles de la Providence*, pour l'instruction des enfants des deux sexes.

Jusqu'en 1790, Aumale eut des tribunaux de bailliage, de vicomté, de maîtrise des eaux et forêts, une recette des droits, aides et gabelles, ainsi qu'un entrepôt de tabacs, un hôpital, un collége, une maison pour l'éducation des jeunes filles, deux monastères d'hommes et un de femmes.

Ce dernier, du Tiers-Ordre de St.-Dominique, fut fondé au mois d'août 1549, par Anne de Lorraine, duchesse d'Aumale. Douze religieuses occupèrent d'abord ce monastère, dont l'église était dédiée à St.-Pierre, martyr, et à Ste.-Catherine de Sienne.

L'hôtel-de-ville d'Aumale n'offre rien de remarquable, dans sa construction, que la tour qui contient l'escalier conduisant au secrétariat de la mairie.

Au-dessus de la porte d'entrée de la grande salle, et donnant sur le vestibule, se trouvent les armes de la ville: *Un champ d'azur et 4 fasces de gueules, surmonté de la couronne ducale*; le tout placé dans deux palmes croisées. Les lambris de cette salle sont, à leur partie supérieure, ornés d'inscriptions historiques, tirées des archives de la ville. Au-dessus de la porte se lisent ces quatre vers, attribués à M. de Montillet, ancien maire, mort en 1816 :

Servez l'homme de bien, généreux magistrats,
Fixez, sur le méchant, l'œil de la vigilance,
Aimez les malheureux, et s'il en est d'ingrats,
Dans de nouveaux bienfaits, placez votre vengeance.

Le chambranle de la cheminée est en marbre noir, veiné de blanc, au-dessus est le portrait de Louis-Jean-Marie de Bourbon, duc de Penthièvre, duc d'Aumale, aïeul maternel de l'ex-roi Louis-Philippe, et bienfaiteur de la ville.

Dans l'un des bâtiments sont les pompes à incendie et leurs accessoires.

Sur l'emplacement du cimetière d'Aumale se trouvait, autrefois, une léproserie ou maladrerie (hospice pour les lépreux). Cet emplacement et les terres environnantes appartiennent à l'hospice civil d'Aumale ; elles s'appellent encore : *Terres de la Maladrerie*, et le faubourg y attenant se nomme *Faubourg Saint-Lazare*.

Un maître et plusieurs frères, de l'ordre des Templiers, desservaient encore cette léproserie en 1239.

A l'extrémité du faubourg Saint-Lazare se trouve la ferme de *La Motte*, ainsi nommée d'un *Statera* ou *Stativa* (petit camp romain), destiné à surveiller cette partie de la ville.

Elle appartient à M. Labitte-Thuillier, ancien conseiller municipal.

ÉGLISE.

(La Notice suivante est empruntée, en partie, à un devis rédigé, en 1846, par M. A. Drouin, architecte à Rouen ; le reste est de nous.)

L'église d'Aumale, commencée en 1505, terminée en 1610, est un monument qui, ainsi que la majeure partie des édifices religieux de cette époque, est resté inachevé, après avoir été poussé activement pendant les premières années.

Après la construction du chœur, des transepts, de l'abside et des chapelles qui l'entourent, et de partie des fondations de la nef, les travaux durent être complètement abandonnés, vers le milieu du siècle, et repris vers la fin, mais sans beaucoup d'activité, puisqu'il n'y eut que les bas-côtés d'élevés ; car la nef est encore restée incomplète.

Les piliers ronds de cette partie de l'édifice, très-lourds dans leurs proportions, décorés dans un style bâtard, rappelant l'ordre doriqne, ainsi que plusieurs dates gravées sur les balustrades, indiquent le règne de Henri IV, comme celui où les travaux furent recontinués avec activité.

Cet édifice a été conçu dans de belles proportions; son élévation, sous clef de voûte, depuis le chœur jusqu'aux transepts, parties qui seules aient été terminées, en sont une preuve. Le choix des détails en est de bon goût, en même temps que le style en est pur, simple et nerveux; les transepts, avec leurs grandes verrières dans les pignons, sont d'un très-bel effet; la décoration des chapelles et du chœur abonde en ornements de sculpture très-agréables et qui méritent d'être connus.

Le grand portail est placé au bas de la tour, ou clocher, qui s'élève à plus de 40 mètres de hauteur et des galeries de laquelle on jouit de la vue charmante d'un vaste horizon. Au-dessus ce ce portail se trouve une galerie très-précieuse, dans le style de la renaissance, de l'époque de Henri II. Cette balustrade est composée de douze niches, occupées par les douze apôtres.

La tour, ou clocher, est flanquée d'une élégante tourelle, dans laquelle se trouve l'escalier de cent trente-neuf marches de pierre conduisant aux orgues, aux cloches, à l'horloge et aux galeries.

La grosse cloche, pesant deux mille kilogrammes environ, a été baptisée en 1762; elle est surchargée d'ornements et d'inscriptions. Son parrain fut Louis-Charles de Bourbon, comte d'Eu, prince souverain de Dombes et duc d'Aumale, qui la nomma *Louise*.

Le portail du sud est le morceau de cette église qui mérite le plus d'être connu.

Ce petit monument, don de la libéralité de quelque grand seigneur (ainsi que l'indique un écusson chargé d'armoiries, placé dans la partie supérieure), porte le caractère du règne de Henri II, et il est à croire que ce petit bijou, chef-d'œuvre du goût et d'élégance, a été élevé des deniers de quelque membre de la maison de François de Lorraine, en faveur de qui ce roi venait d'ériger (1547) le comté d'Aumale en duché-pairie.

Ce portail est composé de quatre colonnes corinthiennes élevées sur leurs piédestaux; le dessous de l'entablement est surmonté de trois niches; celle du milieu est plus élevée, et formée de deux colonnes d'ordre composite, couronnée par un fronton décoré de sculptures.

A droite et à gauche, et assises sur un socle, sont deux figures ailées, dont le haut du corps a beaucoup souffert.

Les deux autres niches, pratiquées dans l'épaisseur du mur, sont formées d'un support orné d'une tête d'ange; elles sont surmontées d'un dais qui a peu de saillie au nu du mur.

Les plafonds et les frises des entablements sont chargés d'entrelacs; des renommées décorent les angles des archivoltes de la porte, et deux autres figures sont placées dans des niches, entre les colonnes réunies deux à deux. Les sculptures sont d'un fini très-précieux; malheureusement la qualité de la pierre, employée pour son édification, ne jouissait pas de toutes les qualités désirables; le peu de soins que l'on a pris de sa conservation, et les intempéries des saisons y aidant, sont cause qu'il est maintenant dans un état de dégradation complet ; et il serait bien regrettable de voir périr ce petit monument par le manque de réparations.

A peu de distance de ce portail se trouve une tourelle dans laquelle est l'escalier conduisant aux galeries et aux greniers, situés sur la nef et le chœur. On y entre par la nef du sud.

On remarque, à l'intérieur de cette église, de beaux vitraux peints, les sculptures et les tableaux des autels et du chœur, la chaire et deux confessionnaux fort bien sculptés. (Le portail du nord porte la date de 1607, et n'a rien de remarquable ; les balustrades des galeries sont ornées de gargouilles, représentant des lions et autres animaux ; toute cette partie est fort endommagée et réparée en briques.)

La voûte du chœur et celle des chapelles de la Vierge et de Notre-Dame-des-Sept-Douleurs, offrent de charmants pendentifs, dont nous donnons, plus bas, la description.

En 1838, Louis-Philippe donna, à l'église, le tableau de l'*Adoration des Bergers*, d'après Ribéra ; il est placé dans le chœur, au-dessus d'un des bancs destinés aux fonctionnaires de la ville.

Les tableaux du Chemin de la Croix ont été rapportés d'Allemagne sous l'empire, par M. Morel (frère du lieutenant retraité de ce nom, au 12.e chasseurs à cheval).

Les sculptures de la chaire représentent les douze apôtres.

Cette église possède une parcelle de la vraie Croix.

Pendentifs.

Les voûtes du chœur, décorées de nervures, sont ornées, à leur point d'intersection, de grands pendentifs de près d'un mètre de hauteur, et composés avec des figures. Elles sont suspendues à une grande rosace très-ornée, sculptée à même la clef de voûte; quelques-uns sont formés de plusieurs figures, groupées de manière à former un fort beau pendentif.

Je donne la liste des objets que j'ai pu reconnaître :

1.° SAINT PIERRE. 2.°..... 3.° SAINT CHRISTOPHE. 4.°..... 5.° SAINT JEAN. 6.° SAINT JACQUES. 7.° SAINT MICHEL. 8.°..... 9.°..... 10.° UNE MAIN DE DIEU, SOUTENANT UNE TÊTE DE MORT.

Les voûtes de cette partie ont été entièrement couverte de peintures; les clefs pendantes et les parties qui les avoisinent ont été travaillées avec beaucoup de soin, et un grand luxe de décoration. Elles ont, seules, conservé la valeur des tons dont on a fait usage dans cette polychromie.

Les nervures croisées de la chapelle de la Vierge sont très-multipliées; elles sont composées de rameaux, partant d'un centre commun, et se rendant à chacun des angles du polygone formé par le plan de cette chapelle.

De chacun de ces points naissent deux autres nervures qui, remontant dans la douelle de la voûte, se réunissent en un point d'où naît une nervure qui va rejoindre le point central. Dans chacune de ces intersections, le tailleur d'images a sculpté, en haut-relief, un sujet de la vie de la Vierge, qu'il a renfermé dans un médaillon de cinquante centimètres de diamètre environ. Ces sujets, en commençant par celui qui est au-dessus de l'entrée de la chapelle, et en tournant sur la droite, sont : *l'Annonciation*, *la Crèche*, *la Présentation au Temple*, *l'Adoration des Mages*, *la Fuite en Egypte*, *le Massacre des Innocents* et *la Trinité*. Ce dernier occupe le point central où viennent se réunir les nervures, et tous ces sujets, parfaitement exécutés, sont peints et dorés.

Les cinq pendentifs de la chapelle de Notre-Dame-des-Sept-Douleurs sont aussi très-élégamment sculptés.

L'église d'Aumale, dédiée aux apôtres saint Pierre et saint Paul, a été déclarée monumentale, il y a un an ou deux. Le curé actuel est M. **Levasseur** (LOUIS-ATHANASE), curé-doyen de première classe, et chanoine honoraire de Rouen, né à Sainte-Hélène-sur-Fécamp, le 17 juin 1793. Il occupe ce poste depuis 1830 ; auparavant il desservait la succursale d'Yébleron, canton de Fauville. Ses vicaires sont MM. LEMAITRE et DEPONTHIEU.

Son doyenné qui, en 1154, comptait vingt-trois paroisses, et relevait de l'abbaye d'Auchy, ne se compose plus que de huit rurales, pour les treize communes du canton.

HOSPICE.

L'époque de l'établissement de l'hospice de la ville d'Aumale se perd dans la nuit des temps.

Une charte du 1.er mai 1340 est le premier acte qui le fait connaître sous le titre de *Saint Nicolas*, *évêque de Myrrhe*, et qui en constate la remise faite par le maire et les échevins de la ville d'Aumale, entre les mains de Jean de Ponthieu, comte d'Aumale, et de Catherine d'Artois, sa femme.

Depuis le XII.e siècle jusqu'à la fin du XVI.e, on ne retrouve aucune trace de son administration.

Un ancien compte de 1559 établit que, dans ce temps, ses revenus ne consistaient que dans la propriété de deux petites maisons et de quelques rentes de peu de valeur; dans le don de quelques libéralités particulières; dans le produit des quêtes de l'église, aux jours de dimanches et de fêtes, et dans celles qui se faisaient, deux fois par an, dans les maisons de la ville.

Ce compte est divisé en deux chapitres : le premier se compose des revenus en biens de rentes; le second, de celui des quêtes et des libéralités particulières.

Il paraît que le tout s'appliquait, tant au soulagement des pauvres malades de la ville, traités dans cette hospice, qu'à celui des pauvres voyageurs que l'on y recevait pour une nuit.

On servait à ces derniers, pour leur dîner, cinq onces de veau ou de mouton, un demi-setier de vin, à défaut de vin, une mesure de bière, et autant de pain qu'ils en pouvaient manger.

La portion, pour le souper, était la même, avec cette seule différence : *qu'on ne devait apprêter de viande qu'à l'appétit de chaque individu.*

Un potage, deux œufs, et un peu de beurre, étaient pour chaque repas la ration des jours maigres.

Il faut croire que l'insuffisance des revenus obligea l'hospice de donner ses secours aux seuls pauvres malades de la ville, car on ne trouve plus rien d'applicable aux pauvres voyageurs, dans les comptes rendus depuis longtemps.

Qui, dans les premiers temps de l'existence de cet hospice, prenait soin des malades? C'est ce qu'on ne peut dire.

Un titre, du 5 octobre 1632, prouve seulement que Louis **Calon**, docteur en théologie, et ancien curé d'Aumale, fut autorisé, par une ordonnance de François de Harlay, archevêque de Rouen, à établir à Aumale, pour le desservice de l'hospice, une confrérie de charité composée de femmes pieuses, qui avaient, à leur tête, une supérieure et deux assistantes, dont l'une était trésorière et l'autre gardait les meubles.

Le curé de la paroisse était le directeur de cette confrérie, et un notable habitant, sous le titre de *Procureur*, en gérait les biens.

Les femmes respectables qui se livraient à ces pieuses et pénibles fonctions, paraissent en avoir rempli les devoirs jusqu'en 1650, et peut-être encore au-delà ; mais soit que leur zèle se fût ralenti, vers la fin du siècle, soit que l'on ait voulu donner à cet établissement une consistance indépendante, lorsqu'il se trouva doté de revenus plus considérables, toujours est-il que, par un accord fait devant notaire, à Paris, le 20 mars 1690, entre un fondé de pouvoirs des habitants de la ville et les supérieures des filles de la communauté dite de *la Charité*, le soin des malades de cet hospice a été confié à trois de ces filles, et que, depuis ce temps, il a été desservi, *sans interruption*, par des sœurs de cette communauté, prises dans la maison vulgairement connue sous le titre de *Saint-Lazare*.

Avant, et jusqu'en 1790, le bureau d'administration de cet hospice était composé d'anciens administrateurs, présidé par le bailli, premier administrateur; d'un économe, qui rendait ses comptes de recettes et de dépenses aux membres de ce bureau, et qui depuis cette époque, jusqu'en l'an v, les a rendus devant les autorités qui avaient le droit de les recevoir.

Son administration actuelle se compose de cinq commissaires, nommés par le préfet, et dont le maire est le président-né.

Cet hospice est purement civil; treize lits, dont huit, pour les femmes, et cinq, pour les hommes, placés dans des salles spacieuses et séparées, n'y sont fondés que pour les pauvres malades de la ville; mais les militaires voyageurs et souffrants y trouvent tous les secours dont leur état a besoin, sur le certificat du médecin de l'hospice et un billet d'entrée signé du maire.

La munificence des anciens ducs d'Aumale avait formé, dans l'un des bâtiments de cet hospice, un établissement particulier pour l'éducation, la nourriture, le logement et l'entretien de trente-six petites filles pauvres et orphelines, que l'on y occupait à faire de la dentelle.

Malheureusement les titres de fondation s'étant égarés, et le revenu, qui l'alimentait, ne consistant qu'en une rente de 2,000 livres qui se percevait sur les domaines du ci-devant seigneur, et dans le produit du travail des ouvrières, les anciens administrateurs furent contraints d'éloigner, de l'hospice, les jeunes filles qui s'y trouvaient, et de n'en plus recevoir. (*Il y en a encore vingt, comme on le verra à la fin de cette notice.*)

On remarque, dans la salle du conseil : 1.° le chambranle de la cheminée, il est en marbre rouge, veiné de blanc et de noir; au-dessus est le portrait de saint Vincent de Paule; 2.° le portrait de Louis-Jean-Marie de Bourbon, duc de Penthièvre et d'Aumale, bienfaiteur de l'hospice; 3.° celui de M.me la duchesse d'Orléans, sa fille; 4.° celui du comte de Toulouse; 5.° celui d'un personnage dont on ignore le nom; et 6.° une plaque en bois, indiquant l'époque de la reconstruction de l'hospice. On y lit ces mots, en relief :

Louis-Auguste de Bourbon, prince souverain de Dombes, comte d'Eu, duc du Maine et d'Aumale, a fait bâtir cet hospital et m'a fait poser pour première pierre fondamentale, ce 28 d'avril 1694.

La chapelle, quoique fort petite, est fort bien décorée; elle est tapissée de tableaux et gravures de piété. On y voit une relique de saint Vincent de Paule, et une parcelle de la vraie Croix.

Près de la porte est une plaque de cuivre portant que : Messire Antoine de Hémond, seigneur de la Boissière, et fils du seigneur de Hauville et autres lieux, a donné, à l'hospice, une rente perpétuelle de 1,000 livres, sous la condition de services religieux, qui seront aussi perpétuels.

Le Budget de 1848 se montait :

	fr.	c.
Pour recettes, à	9,230	77
Pour dépenses, à.	9,145	20
Excédant . . .	85	57

La population habituelle se composait, et se compose encore de :

Malades civils . . . . , ...	3
— militaires	4
Vieillards	13
Orphelines	20
Sœurs hospitalières.	5
Employés au service	3
Employé, non nourri	1
Employés d'administration, non nourris . .	3
Total	52

COLLÉGE.

Il résulte de plusieurs actes qu'en 1594, maître Jacques **Gallemand**, prêtre, docteur en Sorbonne, premier supérieur général des Carmélites de France, grand vicaire de l'archevêque de Rouen et curé d'Aumale, fonda cet établissement.

Ce pasteur charitable, pressentant combien l'éducation allait perdre par le bannissement des jésuites, ordonné à cette époque, et voulant procurer, au pays qu'il habitait, les avantages que semblait lui refuser son éloignement des grandes villes, lui donna naissance.

Réné, duc de Lorraine, ayant, dans le même temps, obtenu le duché d'Aumale, favorisa le nouvel établissement, en le dotant. M. Gallemand lui déféra le titre de fondateur, et garda, pour lui, le titre de principal.

Le local et les bâtiments qu'il contenait furent donnés par maître Louis Calon, aussi prêtre, docteur en Sorbonne, et successeur de M. Gallemand, dans la cure d'Aumale ; le contrat de cette donation date de 1600. La chapelle était dédiée à saint Julien, et le terrain sur lequel elle fut construite fut donné par M.lle Angélique Domon, par contrat, dont faisait mention un tableau en cuivre attaché au côté droit de ladite chapelle.

Les revenus consistaient : 1.° en 180 boisseaux de blé dûs par le duché d'Aumale et affectés sur les moulins jumeaux appartenant au prince, et démolis en 1846, pour l'ouverture de la route n.° 15 bis, de Paris au Tréport. Le collége était alors situé près de ces moulins, et les bâtiments qui en restent, servaient d'écuries, de granges, etc., au meunier.

En vertu d'une transaction passée entre M. Engren, procureur du roi, et alors agent du prince, et M. Lemercier, administrateur, en charge, du collége, ces 180 boisseaux de blé furent évalués, année commune, à 180 écus, c'est-à-dire 540 livres.

2.° En 110 livres de rente, également dues par le duché d'Aumale, sur lesquelles 30 étaient données par la ville, et le reste par le prince.

3.° En 100 livres de rente dues par la communauté d'Aumale et affectées sur ses bois.

4.° En quatre cordes de bois données à chacun des deux régents.

(En consultant la biographie de M. Gallemand, à la

page 76, on verra qu'elle diffère de cette notice, en deux endroits ; car elle parle de quatre régents, y compris le principal, et dit que la chapelle fut donnée, comme le reste, par M. Calon et sa mère.)

Les rentes actives du collége (il n'y en avait point de passives) consistaient en petites rentes d'environ 120 livres en total. Le revenu du collége consistait donc en 870 livres, plus les huit cordes de bois données par le prince, et évaluées, dans les derniers temps, à 8 livres la corde.

Le principal et les régents furent primitivement à la nomination de Réné, duc de Lorraine, qui se déclara protecteur et bienfaiteur du collége. Ses successeurs, dont le dernier fut le duc de Penthièvre, déjà cité dans cet ouvrage, jouirent également de ce droit de nomination.

Avant la Révolution, on y comptait de cent à cent cinquante élèves, et sa position topographique lui donnait un avantage marqué sur les autres maisons d'éducation, étant assez éloigné des établissements de ce genre.

Un des régents fut supprimé, par suite de la cherté des vivres et de la modicité des revenus.

On enseignait, jadis, dans ce collége, comme dans tous les autres petits établissements de ce genre, les humanités jusqu'à la seconde, inclusivement, et il ne manquait, à cette maison, qu'un cours de mathématiques, pour lui donner un nouveau degré d'utilité et d'accroissement.

Il n'y existait aucune bourse et les derniers diplômes furent délivrés par le duc de Penthièvre.

Dans le fameux orage du 26 mai 1770, la moitié du collége fut emportée par les eaux.

En 1817, la ville transféra le collége dans l'ancien couvent des Pénitents qu'elle venait d'acheter.

Successivement dirigé par des prêtres et des laïcs, parmi lesquels on compte, sous le titre de principal, MM. Fortier et Lamette (laïcs), Loisel, Moreau, Boulle, Delestre, Poulet, Sadoc, et Dausse, régent (prêtres), il est, depuis le 21 octobre 1834, sous l'habile direction de M. **Boulen**, Isidore, chanoine honoraire de Rouen, et compte plus de cent élèves, presque tous internes.

Les anciens directeurs ou régents du collége, dont nous venons de donner la liste, et qui ont, à notre connaissance, inoccupé d'autres emplois, après leur sortie de l'établissement, sont :

M. Fortier, passé, comme principal, au collége de Treignac (Corrèze).

M. Lamette, mort maître de pension à Gournay, où son fils lui succéda.

M. Loisel, ancien curé de Ste-Marguerite, prêtre habitué à Aumale, né à Foucarmont, le 12 mai 1758, mort à Aumale, le 9 décembre 1839, âgé de 81 ans et 6 mois.

M. Boulle, mort curé d'Haudricourt.

M. Sadoc, mort curé à Rothois (Oise).

M. Dausse, mort curé à Smermesnil.

Le collége, considérablement augmenté et embelli, par M. l'abbé Boulen, jouit en ce moment, d'une grande réputation, sous sa direction et celle de ses habiles collaborateurs, il fournit au séminaire et à l'école de médecine de Rouen, des élèves distingués. MM. Polleux, prêtre et professeur, dans l'établissement; Piette, élève du grand séminaire; Duchaussoy, interne à l'hôpital général de

Rouen, tous trois d'Aumale; Quesnel, du Caule, étudiant en médecine, etc, etc., y ont fait leurs études.

La chapelle est fort jolie; de vastes jardins, et surtout la belle position de l'établissement, contribuent à l'amusement, à la santé et au bien-être de la jeunesse qu'on y instruit.

La porte d'entrée a été construite avec les pierres provenant de la démolition de la porte de la rue d'Auchy, abattue en 1837.

La ville d'Aumale, jadis renommée par ses serges et autres étoffes, ses tanneries, ses faïenceries, etc., ne possède plus que quelques tanneries, corroyeries, mégisseries et teintureries, ainsi qu'une fonderie de cloches, appartenant à M. Evrot-Boudin, ancien conseiller municipal.

Elle possède en outre de charmantes promenades, entre autres, le Grand-Mail, le Petit-Mail et les bois environnants.

FONCTIONNAIRES DIVERS.

Administration municipale. MM. François dit Félix Thiébaut, conseiller général, maire; Baudoult-d'Hautefeuille, adjoint; Lefan, Balesdent, Ancelin, Gravet-Lambert, Douillon, Beaurain-Crevel, Chevallier, Yvart, Alexandre, père (chevalier de la Légion d'Honneur, ancien adjoint); Thélu, Bourgois (chevalier de la Légion d'Honneur, ancien maire, comptant quarante-huit ans de services); Lecointe, Sergent, Pognie, juge de paix; Beaucousin, conseillers municipaux; Letellier, secrétaire; Fiquet, employé; Calippe, garde-champêtre.

Justice de Paix. Pognie, juge de paix; Anguerrand, Baudoult-d'Hautefeuille, suppléants; Bouquet, greffier; Vaquez, Leroux, Glavieux, huissiers.

Juge de Paix retraité. Lasseur, nommé le 21 mars 1798, démissionnaire en 1849, retraité la même année, il compte cinquante ans neuf mois de services non interrompus, et devait être le doyen des juges de paix de France.

Enregistrement. Dumouchel, receveur.

Notaires. Lefan, Sergent.

Contributions directes. Chauffert, père, percepteur pour Aumale, Haudricourt et Sainte-Marguerite; Chauffert, fils, idem, pour Beaufresne, Conteville, Criquiers,

Ronchoirs et Illois ; Fournot, pour Marques, Nullemont Aubéguimont, Ellecourt et Vieux-Rouen.

CONTRIBUTIONS INDIRECTES. Huguenin, Ledet.

GENDARMERIE. Terrier, brigadier ; Desreumieux, Banc Bouvier, Geoffroy.

COMMISSION ADMINISTRATIVE DE L'HOSPICE. Le Maire Lasseur, Levaillant de Blangermont, Boufflers (capitain retraité, chevalier de la Légion d'Honneur), Labitte Thuillier, Malivoir, membres ; Noyelle, médecin.

DOMAINE PRIVÉ. Drevet (chevalier de la Légion d'Honneur), inspecteur ; Faudrière, garde général ; Damiens di Fortin, secrétaire ; Leneutre, secrétaire-adjoint.

BUREAU DE BIENFAISANCE. Le Maire, le Curé, Lasseur Boufflers, Drevet, Thiroux, père.

COMITÉ LOCAL POUR L'INSTRUCTION PRIMAIRE. Le Maire le Curé, Lasseur, Baudoult-d'Hautefeuille, Valentin.

CONSEIL DE FABRIQUE DE L'EGLISE. Le Maire, le Curé Lasseur, Dausse (chef d'escadron retraité, chevalier de Saint-Louis et de la Légion d'Honneur), Valentin, Larcher, Levaillant de Blangermont. (Président : M. Lasseur ; secrétaire, M. Larcher.

GARDE NATIONALE. Bataillon d'Aumale. Thélu, chef de bataillon ; T. Herlin, porte-drapeau ; Bachelet, capitaine-adjudant-major ; Boulanger, adjudant-sous-officier ; Chevallier, capitaine-rapporteur ; Levaillant, lieutenant-secrétaire ; Scotté, chirurgien-aide-major ; Dumouchel, lieutenant d'armement ; Martin, chef de musique.

Sapeurs-Pompiers. G. Yvart, capitaine ; Charles Yvart, lieutenant ; Defer, sous-lieutenant.

3.me *Compagnie.* Vacquez, Letellier, capitaines; Blandin, Lepetit, lieutenants; Morin, Lasnier-Calon, sous-lieutenants.

7.me *Compagnie.* Baudoult-d'Hautefeuille, Drevet, capitaines; Lecointe, Glavieux, lieutenants; Fauquet, N..... sous-lieutenants.

LOUVETERIE. Thélu, lieutenant; Duparc, piqueur. (Le premier a reçu un couteau de chasse d'honneur ; le second, une plaque de ceinturon, en argent, en récompense des services rendus à la contrée, qu'ils ont débarrassée des loups qui la ravageaient depuis plusieurs années.

AGENT-VOYER. Pape.

POSTE AUX LETTRES. Balesdent.

POSTE AUX CHEVAUX. Ancelin.

NOTICES BIOGRAPHIQUES.

CHAPITRE 1.er

MILITAIRES.

Dausse, Louis-David, chef d'escadron retraité, du 7.e régiment de chasseurs à cheval, chevalier de la Légion d'Honneur et de Saint-Louis, né à Charny, commune de Morvillers (Somme), le 21 décembre 1773.

Volontaire, en 1792, il fut incorporé, en juin 1793, dans les hussards américains, devenus, plus tard, le 13.e chasseurs à cheval. Ce régiment fut ensuite dédoublé et servit à former le 7.e de la même arme, dans lequel M. Dausse passa par tous les grades jusqu'à celui de chef d'escadron.

Chevalier de la Légion d'Honneur, à Leipsick, le 23 décembre 1813, retraité en 1816, chevalier de Saint-Louis, en 1820, le chef d'escadron Dausse fit, sans interruption, toutes les guerres de la révolution et de l'empire.

Capitaine des grenadiers du bataillon de la garde nationale d'Aumale, en 1830, chef de ce bataillon, en 1837, démissionnaire, quelques années plus tard, membre du conseil municipal, pendant longues années, le commandant Dausse qui, fut aussi membre du bureau de bienfaisance, est encore conseiller de la fabrique de l'église.

Lefranc, Jean-François-Cyprien, chef de bataillon retraité, du 1.er régiment d'infanterie de ligne, chevalier de la Légion d'Honneur et de Saint-Louis, conseiller municipal et chef du bataillon de la garde nationale d'Aumale, né à Senarpont (Somme), le 24 février 1775.

Réquisitionnaire de 1793, il parvint dans le même régiment (1.er de ligne), de simple soldat au grade de chef de bataillon, et fut arrêté, dans son avancement, par le désastre de Waterloo.

Il assista, entre autres, aux affaires de Turcoing, de Rousselard, au siége d'Anvers, au passage du Rhin, à la bataille de Zurich, au passage du Saint-Gothard, aux batailles de Marengo, d'Austerlitz, de Wagram, etc., etc.

En 1814, étant commandant de la ville d'Aix, en Provence, il y sauva la vie à Napoléon.

Chevalier de la Légion d'Honneur, en 1804, chevalier de Saint-Louis, en 1820, comptant vingt-deux campagnes et cinq blessures, ayant fait à Zurich deux prisonniers anglais et deux prisonniers autrichiens, le commandant Lefranc mourut à Aumale, le 9 mars 1837, âgé de 62 ans.

Ses amis et les gardes nationaux reconnaissants, lui ont élevé, sur son tombeau, une colonne funéraire.

Régnier, Louis-Patrice, chef de bataillon retraité, du 4.e régiment d'infanterie de ligne, italien, chevalier de la Couronne de Fer, né à Aumale, le 2 décembre 1774.

Réquisitionnaire de 1793, comptant vingt-et-un ans de

services, le commandant Régnier mourut à Aumale, le 12 octobre 1823, à l'âge de 48 ans et 11 mois. (Nous n'avons pu obtenir ses états de services.)

Boufflers, Antoine-François-Martial, capitaine-aide-de-camp retraité, chevalier de la Légion d'Honneur, né à Aumale, le 7 juillet 1772.

Enrôlé, à Paris, dans le premier bataillon des Lombards, le 2 septembre 1792, maréchal-des-logis chef au 23.e chasseurs à cheval, il y parvint au grade de capitaine; puis, lorsque le baron Lambert, colonel de ce régiment, fut nommé maréchal-de-camp, celui-ci le fit son aide-de-camp.

Le capitaine Boufflers fit les guerres de la révolution et de l'empire. Chevalier de la Légion d'Honneur à Wagram, mis à la demi-solde en 1814, il fut retraité plus tard.

Capitaine des chasseurs du bataillon d'Aumale, en 1830, il occupa ce poste pendant plusieurs années, et il est encore actuellement administrateur de l'hospice et membre du bureau de bienfaisance.

Gentien, Pierre-François, capitaine-commandant retraité, du 11.e chasseurs à cheval, chevalier de la Légion d'Honneur, né à Tronchoy (Somme), le 31 mars 1785.

Conscrit de l'an XIV, incorporé au 11.e chasseurs, le 2 décembre 1805, sous-lieutenant en juin 1813, lieutenant en 1821, chevalier de la Légion d'Honneur en 1827, capitaine en 1829, retraité le 28 mai 1836, le capitaine Gentien compte les campagnes de 1806, 1807, 1809, 1813, 1814 et 1815, et un coup de feu reçu à Heilsberg, le 10 juin 1807.

Grandin, Athanase, lieutenant de gendarmerie retraité, chevalier de la Légion d'Honneur, né à Paris (Seine), le 10 mai 1784.

Volontaire au 13.ᵉ régiment de grosse cavalerie, le 11 février 1803, mis en demi-solde en 1814, étant lieutenant au 22.ᵉ dragons, il compte les campagnes de 1803, 1804, 1805, 1806, 1807, 1808, 1809, 1810, 1811, 1812, 1813 et 1814, et fut fait chevalier de la Légion d'Honneur à Montereau.

Le lieutenant Grandin, qui compte en outre trois blessures, reprit du service en 1830, et fut placé avec son grade dans la gendarmerie. Retraité en 1841, percepteur des contributions directes de Criquiers jusqu'en 1848, il quitta cet emploi pour rentrer dans sa famille.

Lesueur, Pierre-Guillaume, capitaine de la 5.ᵉ compagnie du 2.ᵉ bataillon de la 17.ᵉ demi-brigade d'infanterie de ligne, chevalier de la Légion d'Honneur et de la Couronne de Fer, né à Saint-Valery (Oise), le 16 décembre 1765.

Volontaire au 7.ᵉ bataillon de la Seine-Inférieure, en 1792, il fit les guerres d'Italie et d'Egypte de 1792 à 1802. Rentré en France, à cette époque, le capitaine Lesueur suivit l'empereur jusqu'à Austerlitz. Il venait de prendre un poste ennemi et allait recevoir de Napoléon l'épaulette de chef de son bataillon, en récompense de sa bravoure, lorsqu'un boulet le coupa en deux, le 2 décembre 1805, à l'âge de 40 ans, au moment où il se rendait près del'empereur.

Bourlier, Charles, capitaine retraité des grenadiers

du régiment de la Couronne, infanterie, chevalier de Saint-Louis, ancien commandant de la garde nationale d'Aumale.

Né à Saint-Etienne (Loire), le 20 janvier 1740, le capitaine Bourlier mourut à Aumale, le 13 mai 1833, âgé de 93 ans et 4 mois.

De Beauvais de Vouty, LOUIS-ALEXIS, capitaine retraité du régiment de Normandie, infanterie, chevalier de Saint-Lazare et de Saint-Louis.

Né à Nullemont en 1741, mort à Aumale, le 25 mars 1801, âgé de 60 ans; le capitaine de Beauvais s'était distingué dans les guerres de l'Inde, notamment à Pondichéry.

De Sarcus-Moncomble, FERDINAND, capitaine d'infanterie en retraite, chevalier de Saint-Louis.

Né à Saint-Arnoult (Oise), en 1728, il mourut à Aumale, le 21 avril 1810, âgé de 81 ans 6 mois.

De Monsures-d'Estaniol, DENIS-GODARD, lieutenant retraité du régiment des dragons de Penthièvre, chevalier de Saint-Louis, né à Aubéguimont, le 9 décembre 1734.

Ancien colonel de la 20.e légion de la garde nationale, doyen du conseil municipal d'Aumale, il mourut en cette ville, le 1.er août 1823, âgé de 88 ans et demi.

Griffon, LOUIS-FRANÇOIS, écuyer, sieur de Bannes, capitaine d'infanterie en retraite, chevalier de Saint-Louis.

Né à Aumale, vers 1721, il y mourut le 4 thermidor an X.

Griffon, JEAN-FRANÇOIS, écuyer, sieur de Longuerue, né en 1736, capitaine retraité du régiment de Viennois (compagnie des chasseurs), chevalier de Saint-Louis, il mourut à Aumale, le 15 juillet 1805, âgé de 69 ans, avec la réputation d'un brave militaire et d'un bon citoyen.

Leroy, JACQUES-FRANÇOIS, capitaine retraité du 57.e de ligne, chevalier de la Légion d'Honneur.

Né à Montmarquet (Somme), en 1760, il mourut à Aumale, le 23 mars 1815, âgé de 44 ans.

Larcher, NICOLAS-MARIE-RÉNÉ, capitaine retraité du 39.e de ligne (redevenu le 37.e), chevalier de la Légion d'Honneur, conseiller municipal d'Aumale, ancien maire de la ci-devant commune de Coupigny, né à Aumale, le 30 décembre 1786, mort au même lieu, le 30 septembre 1828, âgé de 41 ans 9 mois.

Pensionnaire à l'école spéciale militaire de Fontainebleau, le 11 messidor an XII, sous-lieutenant au 39.e, le 29 ventose an XIII, lieutenant le 6 septembre 1808, capitaine le 14 mars 1810, chevalier de la Légion d'Honneur, le 6 août même année, prisonnier de guerre, le 11 décembre 1813, rentré le 26 juillet 1814. Nommé, par le duc de Valmy, commandant du 1.er régiment provisoire de l'armée d'observation de Bavière, congédié le 17 septembre 1814, le capitaine Larcher comptait les campagnes des ans XIV, 1806, 1807, 1808, à la grande armée, 1809, 1810, 1811, 1812, en Espagne et en Portugal, 1813 à la grande armée, et avait été blessé d'un coup de feu à la tête, au combat de Tamamès, en Espagne, le 18 octobre 1809.

Suivant son désir il fut inhumé à Coupigny.

Son frère, LARCHER, Ferjus-Hilaire, propriétaire à Aumale, a été plusieurs années maire d'Illois.

Et leur oncle, LARCHER, Pierre-Mameline-Nicolas, né à Aumale, en 1738, et mort au même lieu, le 9 novembre 1826, âgé de 88 ans, fut, pendant longtemps, maire, conseiller municipal, membre de la commission de l'hospice et du bureau de bienfaisance de cette ville.

Maire à l'époque de la révolution de 1789, M. Larcher sauva, au péril de ses jours, la vie à plusieurs proscrits, entre autres, à M. Périer, gentilhomme attaché au service du duc de Penthièvre, en leur délivrant des passeports, bien qu'il eût l'ordre de les arrêter.

Le conventionnel Dumont, passant par Aumale, voulait faire rechercher les nobles et les traduire devant un tribunal pour y être jugés, comme tant d'autres; ce digne maire s'y opposa et sut, par sa fermeté et sa sagesse, préserver ses concitoyens des malheurs qui assiégeaient la France à cette époque.

Martin, JEAN-AUGUSTIN, chirurgien-major au 25.e dragons, chevalier de la Légion d'Honneur, né à Offignies (Somme), mort à Saint-Mihiel (Meuse), le 22 brumaire an XIV. Sa famille habitait alors Aumale.

Doisnel, JOSEPH-FERDINAND, maréchal-des-logis à cheval, au 6.e régiment d'artillerie, 8.e compagnie, chevalier de la Légion d'Honneur.

Né à Aumale, en 1788, il y mourut, âgé de 26 ans, le 23 octobre 1814.

Bruchet, NICOLAS-MATHIEU, gendarme retraité, chevalier de la Légion d'Honneur, né à Montchaux, canton de Blangy, en 1785.

Parti pour l'armée de l'Ouest, commandée par Laborde et Junot, en 1805, embarqué sur *le Vétéran*, aux ordres de l'amiral Willaumez, avec Jérôme Bonaparte, aujourd'hui gouverneur des Invalides, il assista, en se rendant aux Etats-Unis, au combat naval qui eut lieu, près de Saint-Domingue, et où neuf vaisseaux français furent pris par les Anglais. De là il fut envoyé à Cayenne, puis à San-Salvador, en Brésil.

Passé en 1807, à l'armée d'Espagne, comme sergent d'artillerie, il en sortit, en 1811, après avoir été blessé à Talavéra, d'un coup de feu et d'un coup de sabre, au bras droit, puis d'un éclat d'obus, à la tête.

Un peu avant la bataille de Lutzen, en 1813, Bruchet marchant avec quelques camarades sur une batterie autrichienne, qu'ils prirent, fut blessé de plusieurs coups de lance.

Après avoir fait la campagne de France, en 1814, étant passé, avec l'armée, sur les bords de la Loire, Bruchet fut réformé. Gendarme de la Seine, en 1819, de la Seine-Inférieure, en 1823, il fut retraité le 19 mai 1842, après trente-quatre ans sept mois deux jours de services.

Chevalier de la Légion d'Honneur, le 28 avril 1841, le gendarme Bruchet fut décoré par le Ministre de l'intérieur, le 18 du même mois, d'une médaille d'honneur, de première classe, en argent, pour son courage et son dévouement lors de l'inondation d'Haudricourt (canton d'Aumale), le 12 janvier même année.

Tallibart, PAUL-EUGÈNE, capitaine au long cours, né à Paimpol (Côtes-du-Nord), le 30 janvier 1806.

Immatriculé, comme marin, le 6 décembre 1817, il navigua, pour le commerce, jusqu'en 1822.

Volontaire dans l'armée de mer, sur la frégate la *Thémis*, en 1823, congédié en 1825, après avoir fait les campagnes de 1823 et 1824, en Espagne, il fut capitaine au long cours de 1832 à 1845.

Pendant son séjour en Espagne (1823 et 1824), le capitaine Tallibart sauva, au péril de sa vie, sept personnes en danger de périr; et à son dernier voyage en Danemarck, une compagnie de négociants de ce pays lui décerna un présent consistant en argenterie, pour le récompenser de ses bons services.

Levaillant de Torcy, FRANÇOIS-HENRI-GRÉGOIRE, garde-du-corps de première classe, 2.e compagnie, retraité comme capitaine de cavalerie, né à Richemont, en 1797, mort à Rouen, le 10 juillet 1848, âgé de 51 ans.

Parmi les membres de cette famille on compte MM.

Levaillant, JEAN-LOUIS-DADID, chef de bataillon retraité, officier de la Légion d'Honneur, chef du bataillon rural de Richemont (garde nationale), comptant trente-trois ans de services et l'un de nos braves de l'armée d'Afrique.

Et **Levaillant**, CHARLES-HENRI-DÉSIRÉ, capitaine retraité, chevalier de la Légion d'Honneur, chef d'un bataillon rural de la garde nationale du canton de Darnétal, résidant à la Vieux-Rue, même canton. (Ces trois Messieurs sont les trois frères.)

Guillaume, DOMINIQUE-ENNEMOND, capitaine de première classe, retraité, de la 88.ᵉ demi-brigade d'infanterie de ligne, né à Paris (Seine), en 1744, mort à Aumale, le 8 février 1818, âgé de 74 ans.

Langlois de Courcelles, LOUIS-AUGUSTE, capitaine-adjudant-major de la 20.ᵉ légion de la garde nationale de la Seine-Inférieure, né à Courcelles (Somme), en 1759, mort à Aumale, le 3 octobre 1807, âgé de 48 ans 6 mois.

Millière, JEAN-BAPTISTE, capitaine de grenadiers, puis capitaine-adjudant-major retraité, du 81.ᵉ de ligne, né à Saint-Valery (Somme), le 16 juin 1758, mort à Aumale, le 23 septembre 1832, âgé de 74 ans.

La garde nationale d'Aumale, dont il fut l'instructeur en chef, de 1830 à sa mort, assista toute entière à ses obsèques; et de touchants adieux lui furent adressés par son vieil ami, le commandant Lefranc, au nom de la milice citoyenne.

Morel, FRANÇOIS-THÉODORE, lieutenant retraité du 12.ᵉ chasseurs à cheval; né à Aumale, le 4 février 1774.

Réquisitionnaire de 1793, retraité le 22 avril 1816, il fit, sans interruption, toutes les guerres de la révolution et de l'empire.

François, AUGUSTE, lieutenant en activité au 73.ᵉ de ligne, né à Aumale, en 1812.

Conscrit de 1833, il doit sous peu passer capitaine (s'il ne l'est pas déjà). Avant d'entrer au service, il était ouvrier sellier et tambour des sapeurs-pompiers d'Aumale.

Dessaint, Louis-Nicolas, lieutenant en activité au 73.ᵉ de ligne, né à Aumale, le 25 décembre 1810.

Conscrit de 1830, parvenu au grade de lieutenant, il est fils de Dessaint, Louis-Jacques, gendarme de la brigade d'Aumale, né à Bouquainville (Somme), en 1795, et décédé à Aumale, le 21 décembre 1823, âgé de 48 ans.

Cirou de Rieux, Cicaire, garde-du-corps de la compagnie de Noailles, retraité comme lieutenant de cavalerie, né à Aumale, le 4 avril 1779, mort au commencement de 1848, à Rieux (Oise).

Etienne, Georges, lieutenant de grenadiers au 1.ᵉʳ de ligne, né à Calais (Pas-de-Calais), en 1808.

Parti d'Aumale, où il résidait, comme conscrit de 1828, parvenu au grade de lieutenant, il allait être nommé capitaine lorsqu'il mourut subitement, le 19 janvier, à Orléans où il était en garnison.

Agé de 36 ans, comptant dix-sept ans de services, presque tous passés en Afrique, le lieutenant Etienne, moissonné à la fleur de l'âge, emporta dans la tombe les regrets de ses chefs et de ses soldats, qui, pour honorer ses vertus militaires, lui ont élevé, sur son tombeau, une colonne funéraire.

François, Charles-Martin, lieutenant de la première division de la succursale des Invalides de Louvain (Dyle), né à Aumale, en 1772, mort à Louvain, le 9 mai 1809, âgé de 37 ans.

Piot, Alexandre-Roch, lieutenant retraité, du 24.ᵉ chasseurs à cheval, né à Aumale, le 16 août 1761, mort

5.

aux Invalides, à Paris, le 27 octobre 1837, âgé de 66 ans. Il y avait été admis comme lieutenant titulaire de la première division, le 3 septembre même année.

Talbot, NICOLAS-FRANÇOIS, sous-lieutenant, non retraité, du 6.e chasseurs à cheval, né à Aumale, le 22 novembre 1763, mort au même lieu, le 9 novembre 1837, âgé de 73 ans 9 mois.

Buignet, JEAN-FRANÇOIS, sous-lieutenant retraité du 1.er de ligne, né à Ellecourt en 1773.

Requisitionnaire de 1793, au 1.er de ligne, il fit les guerres de la Révolution et de l'Empire, et rentra à Aumale, avec le grade et la retraite de sous-lieutenant en en 1816.

Blessé à Wagram et à Saint-Sébastien, prisonnier de guerre à cette dernière affaire, capitaine-adjudant-major du bataillon d'Aumale, du 24 septembre 1834 à 1847, démissionnaire par suite d'une paralysie presque totale, le sous-lieutenant Buignet compte vingt-deux ans de service et dix-huit campagnes.

Quartier, LOUIS-TOUSSAINT, sergent-major au 13.e régiment (2.e des tirailleurs) de la garde impériale, né à Forges-les-Eaux, le 1.er novembre 1791.

Conscrit de 1811, caporal, le 1.er avril 1813, sergent, le 1.er juillet, et sergent-major en octobre de la même année, il fut congédié le 21 septembre 1814.

Leclerc, AUGUSTIN, fourrier au 25.e de ligne, né à Aumale, le 2 février 1793.

Conscrit de 1812, au 25.e de ligne, fourrier à son arrivée au dépôt, lancier polonais au 7.e régiment en 1813, rentré, la même année, au 25.e de ligne, avec lequel il fit la campagne de France, il fut congédié en 1821.

Adjudant-sous-officier du bataillon d'Aumale, de 1830 à 1834, le fourrier Leclerc compte neuf ans de services, sept blessures, et les campagnes de Pologne, de Saxe, de Bohême et de France.

Blandin, Marie-Sulpice, maréchal-des-logis à cheval au 4.e d'artillerie, né à Pissy (Somme), le 7 février 1811.

Conscrit de 1831, incorporé à Rennes, le 9 novembre 1832, au 4.e d'artillerie, il fut congédié le 31 décembre 1838.

En 1835, il prit le radeau construit sur la Bidassoa, par les carlistes espagnols (de Béhobie à Briatou).

Passé en Afrique en 1836, il assista à la découverte des 12 et 13 septembre contre les Bédouins, au-delà du Reis-el-Alba, et fut blessé d'un coup de feu, à côté du général en chef, comte de Damrémont, lorsque celui-ci fut tué, d'un coup de canon, sous les murs de Constantine.

Sergent-major des grenadiers, pendant trois ans, adjudant-sous-officier du bataillon d'Aumale, pendant trois autres années, le maréchal-des-logis Blandin est actuellement lieutenant en premier de la 3.e compagnie de ce bataillon.

Bouvier, Just-Augustin, gendarme à cheval de la brigade d'Aumale, né à Saint-Arnould, canton de Caudebec, le 5 octobre 1802.

Cuirassier au 9.e régiment, le 3 avril 1823, brigadier, le 5 octobre 1824, maréchal-des-logis, le 3 juillet 1826, congédié le 31 décembre 1828, il fut nommé gendarme à la compagnie de la Seine-Inférieure, le 7 avril 1829.

Lejeune, AUGUSTE, ex-gendarme à la légion de la Corse, né à Aumale, le 10 avril 1796.

Conscrit de 1816 au 39.e de ligne, congédié en 1824, avec le grade de sergent de grenadiers, après avoir fait la campagne de 1823, en Espagne, gendarme en Corse en 1830, il donna sa démission en 1836.

Boulanger, JEAN-NICOLAS, maréchal-des-logis au 9.e dragons, né à Gancourt-St.-Etienne, canton de Gournay, le 14 octobre en 1811.

Conscrit de 1831, incorporé au 9.e dragons en octobre 1832, brigadier le 26 mars 1834, maréchal-des-logis le 1.er avril 1837, congédié le 31 décembre 1838, il est, actuellement, adjudant-sous-officier du bataillon d'Aumale.

Defer, ADOLPHE-VALERY, sergent au 2.e de ligne, 2.e bataillon, 1.re compagnie, né à Neufchâtel-en-Bray, le 13 décembre 1811.

Conscrit de 1831, caporal à la 2.e compagnie du 3.e bataillon, le 13 octobre 1833, caporal de voltigeurs, le 1.er mai 1835, sergent le 6 septembre suivant, il fut congédié le 31 décembre 1838.

Sergent-major des sapeurs-pompiers, pendant trois ans, il en est maintenant sous-lieutenant.

Payenneville, JOSEPH-PRUDENCE, sergent au 4.e d'artillerie de marine, né à Pierrecourt, le 9 novembre 1799.

Conscrit de 1812, caporal et sergent en 1814, congédié en 1815, il compte les campagnes de Russie et de France.

Doucement, Joseph-Amand, maréchal-des-logis à pied, au 7.ᵉ d'artillerie, né à Aumale, le 22 avril 1804.

Conscrit de 1824, incorporé au 7.ᵉ, le 16 janvier 1826, artificier, le 14 janvier 1827, caporal, le 16 juillet 1829, brigadier, le 9 octobre suivant, maréchal-des-logis, le 2 août 1831, il fut libéré le 31 décembre même année.

Tourneur, Pierre-Nicolas, sergent au 38.ᵉ de ligne, né à Aumale, le 11 juillet 1811.

Enrôlé volontairement, le 2 novembre 1831, incorporé, le 8 du même mois, au 38.ᵉ de ligne, caporal, le 13 novembre 1832, caporal de voltigeurs, le 22 novembre 1833, sergent, le 21 mai 1834, il fut libéré le 31 décembre 1838.

Lesueur, Louis-Charles, sergent retraité du 6.ᵉ régiment d'infanterie de la garde royale, né à Aumale, le 10 mai 1777.

Entré, le 16 septembre 1799, au 2.ᵉ bataillon auxiliaire du Pas-de-Calais, maître tailleur, le 10 février 1812, passé, le 10 avril suivant, à la 10.ᵉ cohorte, qui servit à former le 155.ᵉ de ligne, incorporé au 54.ᵉ, le 21 juillet, 1814, il fut licencié le 21 septembre 1815.

Enrôlé volontaire dans le 6.ᵉ régiment d'infanterie de la garde royale, le 21 novembre 1815, sergent, le 1.ᵉʳ janvier 1822, retraité, le 16 juin 1824, en vertu d'ordonnance royale du 16 avril même année, le sergent Lesueur compte les campagnes des ans : 8, 9, 10, 11, 12, 13 et 14 de la République, 1806, 1807, 1808, 1809, 1810, 1811, 1812, 1813 et 1814.

Blessé près Véronne (Italie), le 18 octobre 1805, et à

Bautzen, le 20 mai 1813, il fit (les 19 et 20 mai 1813), à cette affaire, deux prisonniers, et démonta deux cavaliers.

Le 27 mai suivant, Lesueur faisant partie d'un bataillon de son régiment détaché pour entrer dans la ville de Hérault, en Silésie, et le combat s'étant engagé, il fut attaqué par trois cosaques. Après en avoir tué un, et mis les deux autres en fuite, il s'empara des trois chevaux, qu'il ramena à son quartier.

De 1830 à 1834, le sergent Lesueur a été sergent-major des grenadiers du bataillon d'Aumale.

Lesueur, Guillaume, sergent retraité de la 8.e compagnie de sous-officiers-vétérans, né à Ste.-Marguerite-lès-Aumale, le 13 mars 1789..

Parti à 13 ans, pour rejoindre son père, capitaine de la 5.e compagnie du 2.e bataillon du 17.e de ligne, alors au camp de Boulogne, il le suivit jusqu'à Austerlitz, où il vit le mourir à ses côtés.

Comptant les campagnes, d'Allemagne, de Prusse, d'Autriche, de Russie et de France, Lesueur fut blessé cinq fois, à Wagram, près de Vienne en Autriche, et à Waterloo.

Après cette affaire, il passa à la 8.e compagnie de sous-officiers-vétérans à Langres, et fut mis à la retraite en 1834.

Courtin, Pierre-Joseph, maréchal-des-logis, au 12.e chasseurs à cheval, né à Aumale, le 9 décembre 1795.

Conscrit de 1812, par anticipation, dragon au 28.e en novembre même année, chasseur à cheval au 12.e, en 1815, le maréchal-des-logis Courtin compte les campagnes de Russie (1812 et 1813), et de France (1814 et 1815).

Il fut congédié et réformé le 5 avril 1817, par suite de l'amputation du gros orteil du pied droit, frappé d'un coup de feu, à la mémorable bataille de Hanau, (30 octobre 1813).

Renault, AUGUSTE, sergent au 5.e de ligne, 1.er bataillon, 4.e compagnie, né à Ste.-Marguerite-les-Aumale, le 8 septembre 1812.

Conscrit de 1832, soldat au 5.e de ligne, le 9 novembre 1833, caporal, le 21 décembre 1836, sergent, le 13 octobre 1838, congédié le 31 décembre 1839. il est maintenant sergent dans la 7.e compagnie du bataillon d'Aumale.

Aubin, PIERRE, ex-gendarme à cheval, compagnie de la Seine-Inférieure, né à Dijon, commune de Morvillers (Somme), le 29 juin 1770.

Engagé dans le 22.e de ligne (ci-devant Viennois), le 8 septembre 1789, brigadier au 9.e Hussards en 1791, maréchal-des-logis en 1793, il fit les campagnes de 1791, 1792, 1793, des ans 2, 3 et 4, en Brabant, en Vendée et en Hollande, 5, 6, 7, 8, 9, 10, 11, 12, 13 et 14, 1806, 1807, 1808, 1809.

Gendarme en 1809, démissionnaire en 1815, il comptait 26 ans de service et trois blessures.

Aubin est mort le 18 mai 1849, à 79 ans.

Baillet, CHARLES sergent à la 33.e demi-brigade de ligne, né à Aumale, en 1769.

Soldat, le 31 juillet 1792, il fut tué, dans le Tyrol, le 30 ventôse an 5.

Vignan, JACQUES-VINCENT-ISIDORE, sergent de carabiniers, retraité, né à Grandcourt, (Seine-Inférieure), le 28 septembre 1770, mort à Aumale, le 26 juin 1838, âgé de 67 ans 8 mois.

Terrier, ANTOINE, brigadier de gendarmerie à cheval, né à Campigny, (Eure), le 28 mai 1798.

Conscrit de 1818, cuirassier au 4.e régiment, le 22 décembre 1819, brigadier, le 1.er janvier 1822, ayant fait la campagne de 1823 en Espagne, gendarme à cheval, le 2 novembre 1824, brigadier à Aumale depuis le 27 décembre 1838.

Beaufils, PLACIDE, caporal-fourrier au 22.e de ligne, né à Blangy, le 25 décembre 1816.

Conscrit de 1836, congédié le 21 décembre 1843, il fit partie de l'armée d'observation, sur les frontière de la Suisse.

Leroy, JEAN-PIERRE-BERNARD, caporal de voltigeurs au 14.e de ligne, né à Bully, canton de Neufchâtel-en-Bray, le 17 août 1798.

Conscrit de 1818, congédié comme caporal, le 31 décembre 1824, il compte les campagnes de 1823 et 1824 en Espagne.

Frion, FRÉDÉRIC-SÉRAPHIN, brigadier au 2.e dragons, né à Hornoy (Somme), le 15 février 1819.

Conscrit de 1839, dragon au 2.e, le 14 septembre 1840, brigadier, le 19 septembre 1843, il fut libéré le 31 décembre 1846.

Desreumieux, LOUIS-JOSEPH, gendarme à cheval

de la brigade d'Aumale, né à Léers, canton de Lannoy (Nord), le 25 août 1806.

Conscrit de 1826, artilleur à pied au 3.e régiment, le 11 janvier 1828, passé à cheval, le 1.er octobre 1829, artificier, le 21 novembre suivant, brigadier le 7 janvier 1831. Gendarme à cheval, compagnie de la Somme, le 4 décembre 1832 et de la Seine-Inférieure, le 30 janvier 1836, le gendarme Desreumieux reçut du ministre de l'intérieur (pour son courage et son dévouement lors de l'inondation d'Haudricourt, canton d'Aumale, du 12 janvier 1841) une médaille d'honneur de première classe, en argent, le 18 avril 1841.

Deluger, CHARLES-ETIENNE, brigadier de gendarmerie retraité, né à Eu, le 26 décembre 1747, mort à Aumale, le 24 décembre 1810, âgé de 63 ans.

Lesourd, FIRMIN-THOMAS, caporal au 43.e de ligne, né à Aumale.

Soldat le 29 thermidor an XI, il mourut, caporal, à Metz (Moselle), le 30 vendémiaire an XIV.

Pauchet, JEAN-BAPTISTE, caporal au 28.e de ligne, 2 e bataillon, 6.e compagnie, né à Aumale, mort à Madrid (Espagne), le 10 octobre 1824.

Trocherie, JULIEN-CONSTANT, caporal au 12.e léger, né à Aumale, le 31 janvier 1816.

Conscrit de 1836, au 12.e léger, il mourut, caporal, à Châlons-sur-Marne (Marne), le 8 avril 1841.

Vincent, PIERRE-FRANÇOIS, brigadier de gendarmerie retraité, né à Doullens (Somme), le 1.er mars 1771 mort à Aumale, le 3 mars 1836, âgé de 65 ans.

Miellot, Joseph, caporal des voltigeurs du 2.e bataillon du 39.e de ligne, ex-caporal et sergent de la 7. compagnie du bataillon d'Aumale, né à Dijon, commune de Morvillers (Somme), le 12 mars 1787.

Conscrit de 1807, caporal en 1810, blessé trois fois le 5 mai 1811, dans la retraite du Portugal, il fit le campagnes de 1807, 1808, 1809, 1810 et 1811, en Prusse en Pologne, en Lithuanie, en Espagne et en Portugal.

Balazot, Jean, soldat aux fusiliers-grenadiers de la garde impériale, né à Luy (Nièvre), le 28 septembre 1784

Volontaire au 23.e de ligne en 1802, fusilier-grenadie de la garde en 1803, congédié en 1814, il fit les campagnes de 1802, 1803, 1804, 1805, 1806, 1807, 1808 1809, 1810, 1811, 1812, 1813 et 1814, en Autriche, en Prusse, en Espagne et en Russie.

Prisonnier de guerre à Orcha, près Smolensk, pendan deux ans, il est depuis 1814, garde-forestier du domain privé à Aumale.

Trocherie, Marin, soldat au 3.e bataillon de la Mayenne, né à Gesvres (Mayenne), le 13 février 1773.

Volontaire en 1792, congédié en 1799, il compte le campagnes de 1792, 1793, 1794, 1795, 1796, 1797 1798 et 1799, pendant lesquelles il assista notammen aux affaires de Granville, de Laval, du Mans, d'Angers de Saumur, du Loroux, de Mayence, de Manhein, de Kiel, d'Augsbourg, de Robersbourg, de Kamlach, de Munich, d'Huningue, de Soleure, et de Berne, etc.

Le brave Trocherie, qui n'a ni croix ni retraite, fut cependant mis trois fois à l'ordre du jour par le général Abattucci, commandant l'avant-garde de la division du général Farino.

1.° Pour avoir tué deux cavaliers autrichiens qui le chargeaient.

2.° Pour avoir, à Augsbourg, pris un drapeau, tué celui qui le portait et un des deux fusiliers de l'escorte.

3.° Pour avoir tué trois cuirassiers autrichiens qui voulaient le faire prisonnier, à Robersbourg.

Lenoir, Joseph, soldat aux guides du premier consul, né à St.-Germain-Langot (Calvados), en 1772, mort à Aumale, le 11 juillet 1848, âgé de 76 ans.

Volontaire en 1791, dans le régiment d'Aunis, infanterie, soldat, en 1795, à la 14.e demi-brigade légère, puis aux hussards volontaires, devenus guides du premier consul, il fit les campagnes de 1791, 1792, 1793, 1794 en Vendée, 1795, 1796, 1797, 1798, 1799 et 1800 au Nord, en Prusse, en Allemagne, en Suisse et en Italie et fut congédié en 1800.

Guénard, Joseph, soldat à la 3.e compagnie du 3.e d'artillerie à pied, né à Aumale, le 5 juin 1770.

Réquisitionnaire de 1793, au bataillon du Hâvre, passé au 3.e d'artillerie à pied, il fit les guerres de la Vendée et fut congédié en 1800.

Revelle, Jean-François, voltigeur retraité comme caporal, à la 4.e compagnie du 57.e de ligne, né à Marques, le 28 octobré 1784.

Soldat au 57.ᵉ, à 20 ans, le 15 pluviôse, an XII, Revelle fit les campagnes des ans XII et XIII au camp de Boulogne, XIV, 1806, 1807, 1808 et 1809, à la grande armée et à celle d'Allemagne.

Blessé, à la jambe droite, d'un coup de feu à Essling (2 mai 1809), retraité, comme caporal, comptant 13 ans . mois de services, campagnes comprises, facteur rural du bureau de poste aux lettres d'Aumale, Revelle fut marié aux frais de l'état, le 13 mai 1810, à l'occasion du mariage de Napoléon et de Marie-Louise.

Levasseur, JEAN-BAPTISTE. gendarme retraité, né à Aubermesnil, canton de Blangy, le 1.ᵉʳ août 1784.

Soldat aux flanqueurs de la garde, le 8 janvier 1814 cuirassier au 7.ᵉ régiment le 21 octobre suivant, il fut congédié en 1815 après avoir fait les campagnes de 1814 et 1815.

Gendarme à la compagnie de la Seine-Inférieure le 1.ᵉʳ mars 1816, retraité le 15 janvier 1847, le gendarme Levasseur compte 33 ans et 18 jours de services.

François, CHARLES-PIERRE, soldat au 2.ᵉ léger, né à Aumale, le 12 octobre 1789.

Conscrit de 1809, parti en 1808, par anticipation, il fit les campagnes de 1808, 1809, 1810, 1811, 1812, 1813 et 1814, en Espagne, en Portugal et en France et reçut deux blessures : l'une, sur les frontières d'Espagne, l'autre à Dannemary, près Montereau.

Etienne, PIERRE, musicien au 36.ᵉ de ligne, né à Calais (Pas-de-Calais), le 27 mai 1793.

Volontaire et musicien au 36.ᵉ, en 1812, congédié en

1816, après avoir fait les campagnes du Rhin, il est, depuis 1820, sergent de la musique du bataillon d'Aumale.

Delamarre, NICOLAS, soldat au 151.ᵉ de ligne, né à Lignières-Châtelain (Somme), en 1794.

Conscrit de 1813, réformé en 1814, sergent des sapeurs-pompiers d'Aumale, il fit les campagnes de 1813 et 1814 et resta 10 mois au blocus de Glogau.

Courtin, ARSÈNE-ANTOINE-EVARISTE, chasseur à la 5.ᵉ demi-brigade d'infantérie légère, 5.ᵉ bataillon, 1.ʳᵉ compagnie, né à Aumale, le 8 juin 1790.

Conscrit de 1809, le 2 juin, il entra à la 5.ᵉ légère et fut congédié le 19 mars 1813, après avoir fait les campagnes de 1810 et 1811 en Espagne.

Gros, NICOLAS-FRANÇOIS, soldat au 130.ᵉ de ligne, né à Aumale, en 1784.

Conscrit de 1805 au 57.ᵉ, passé au 130.ᵉ il compte les campagnes de 1805, 1806, 1807, 1808, 1809, 1810, 1811, 1812, 1813 et 1814, en Prusse, en Autriche, en Espagne etc. etc. et deux blessures.

Aubruchet, PIERRE, soldat au 7.ᵉ hussards, né à Aubéguimont, en 1794.

Soldat au 46.ᵉ de ligne en 1814, au 7.ᵉ hussards en 1815, 1.ᵉʳ sergent de la 7.ᵉ compagnie du bataillon d'Aumale, il fit les campagnes de 1814 et 1815 et fut congédié après la bataille de Waterloo.

Piette, HYPPOLITE-CHARLES, 1.ᵉʳ mineur au 1.ᵉʳ bataillon du 1.ᵉʳ régiment du génie, sergent-major de la 7.ᵉ compagnie du bataillon d'Aumale, né à Valenciennes (Nord), le 26 mai 1814.

Conscrit de 1834, incorporé le 11 juin 1836, 1.er mineur, le 1.er janvier 1838, il fit les campagnes de 1840 et 1841, en Afrique et fut congédié à Alger le 31 décembre 1841.

Cornemuse, Adrien-Louis, soldat au 6.e léger, ex-sergent de la 7.e compagnie du bataillon d'Aumale, né à Calais (Pas-de-Calais), le 17 mars 1793.

Conscrit de 1812, soldat au 6.e léger, en 1813, congédié à Lyon en 1815, il fut bloqué pendant 4 mois à Phalsbourg en 1813, assista à la prise du duc d'Angoulême, à Valence (Drôme), et passa ensuite à Marseille, puis à l'armée des Alpes.

Le colonel Cornemuse, du 14.e léger, est son proche parent.

Bertin, Jean-Louis, soldat, au 122.e de ligne, né à Paris (Seine), le 17 septembre 1780.

Volontaire au 122.e, en 1814, il fit les campagnes de 1814 at 1815 et fut congédié après la bataille de Waterloo.

Delamarre, Ambroise, chasseur à cheval au 13.e régiment, né à Fourcigny (Somme), en 1792.

Conscrit de 1812, congédié en 1814, il fit, en cette dernière année, la campagne de France, et fut porté pour la croix à Montereau. La déchéance de l'empereur l'en priva.

Boujonnier, Pierre-François-Modeste, soldat au 130.e de ligne, né à Formerie (Oise), le 5 mars 1797.

Conscrit de 1817, congédié en 1823, après la campagne

d'Espagne, il fut de 1830 à 1837, lieutenant de la garde nationale de Conteville, canton d'Aumale.

Geoffroy, JEAN-BAPTISTE-JOSEPH, gendarme à cheval de la brigade d'Aumale, né à Rocquigny (Aisne), le 29 janvier 1808.

Conscrit de 1828, au 8.e cuirassiers, cuirassier de première classe, le 4 novembre 1833, gendarme de la Seine, le 5 août 1836 (ayant été congédié provisoirement, le 16 mars même année), libéré définitement le 3 septembre 1838, gendarme de la Seine-Inférieure, le 3 mars 1843, il fit la campagne de 1831, en Belgique.

Brunet, JOSEPH-ANACLET, soldat au 18.e de ligne, né à Liomer (Somme), le 6 janvier 1793.

Conscrit de 1813, au 152.e passé au 18.e, bloqué pendant quatre mois, à Strasbourg (Bas-Rhin), et renvoyé, en congé illimité, en 1814, il fut, de 1830 à 1848, sergent-major, lieutenant et capitaine de la 7.e compagnie, puis adjudant-major du bataillon d'Aumale.

Bance, JACQUES-LOUIS, gendarme à cheval de la brigade d'Aumale, né à Esclavelles (Seine-Inférieure), le 21 avril 1804. Jeune soldat de 1824, cuirassier au 7.e, le 6 janvier 1826, lancier de la garde royale, le 18 octobre suivant, licencié le 30 août 1830.

Chasseur à cheval au 9.e, le 5 décembre même année, gendarme surnuméraire, puis titulaire, dans la Charente-Inférieure en 1831, il passa le 8 février 1836, dans la compagnie de la Seine-Inférieure.

Barras, AUGUSTE, 1.er canonier conducteur à la 1.re

batterie du 3.e d'artillerie à cheval, né à Gourchelles (Oise), le 15 mars 1808.

Conscrit de 1828, canonnier le 10 janvier 1831, il fut congédié, le 31 décembre 1836.

Defer, Pierre-Valery, soldat au 73.e de ligne, né à Aumale, en 1789.

Conscrit de 1808 au 65.e, passé au 61.e, puis au 85.e, redevenu le 73.e, il fut congédié en août 1815.

Dépinay, Louis-Adolphe, cuirassier au 5.e régiment, né à Richemont, le 26 mars 1811.

Conscrit de 1831, cuirassier au 5.e, le 26 octobre 1832, gendarme colonial le 15 juillet 1835, par décision ministérielle du 4 juin, même année, rentré au 5.e cuirassiers le 6 septembre suivant, par décision ministérielle du 28 août, il fut libéré le 31 décembre 1838.

Lemoine, Louis-André, grenadier à la 2.e compagnie du 2.e régiment d'infanterie de la garde royale, né à Aumale, le 9 mai 1800.

Conscrit de 1820, incorporé le 5 mars 1822, grenadier le 5 août 1824, congédié le 7 décembre 1826, il a été sergent des grenadiers du bataillon d'Aumale, pendant plusieurs années.

Leneutre, Joseph-Théodore, cuirassier au 5.e régiment, né à Aumale, le 20 mars 1811.

Conscrit de 1831, cuirassier le 26 octobre 1832, il fut congédié le 31 décembre 1838.

Gressier, Alfred-Fortuné, soldat au 24.e léger,

sergent de la 7.e compagnie du bataillon d'Aumale, né à Aumale, le 17 mars 1817.

Conscrit de 1837, au 4.e hussards le 27 juillet 1838, soldat au 12.e léger le 15 septembre 1840, puis au 24.e le 12 novembre suivant, il fut congédié le 31 décembre 1844.

Boult, Louis, voltigeur, au 2.e léger, né à Aumale, le 26 septembre 1818.

Conscrit de 1838, incorporé au 2.e léger le 4 février 1840, voltigeur le 2 août 1840, il est libéré, le 31 décembre 1845.

Bouchez, Jean-François, gendarme retraité, né à Lignières-Châtelain (Somme), le 28 novembre 1743, mort à Aumale, le 8 août 1823.

Coesnon, Nicolas, gendarme retraité, né à Becquencey (Orne), le 7 octobre 1748, mort à Aumale, le 29 décembre 1814, âgé de 66 ans.

Gratenois, Jean-Michel. soldat à la 3.e compagnie de la cohorte des douanes, né à Aumale, mort à Strasbourg (Bas-Rhin), le 23 juillet 1813, âgé de 36 ans.

Joly, Eugène, soldat au 26.e léger, né à Neufchatel-en-Bray, le 30 ventôse, an III.

Parti d'Aumale, où il résidait, comme volontaire au 26.e léger, 5.e bataillon, 2.e compagnie, il mourut à Custrin (Prusse), le 10 mars 1813.

Lefèvre, César-Auguste, chasseur lancier au régiment de Vaucluse, né à Fouilloy (Oise), en 1797, mort à Aumale, le 22 mai 1820, à 23 ans.

Lemoine, Côme-Appollonius, ancien gendarme, n à Aumale, le 8 avril 1789, mort aux Invalides à Paris.

Legros, Antoine-François, grenadier au 1.er de ligne né à Aumale, le 5 février 1775.

Réquisitionnaire de 1793, congédié, sans retraite, le 1 avril 1807, mort à Aumale, le 4 août 1837, âgé de 62 an 6 mois, il fit les campagnes des ans 1793, 2, 3, 4, 5, 6, 7 8, 9, 10, 11, 12, 13, 14, 1806 et 1807.

Leneutre, Désiré-François-Victor, 2.e chasseur la 4.e compagnie du bataillon des tirailleurs de Vincennes né à Aumale, le 9 juin 1817, mort à Alger, le 6 octobr 1840, âgé de 23 et quelques mois.

Legros, Thomas-François, voltigeur au 4.e bataillo du 92.e de ligne, né à Aumale, le 26 juin 1777, mort au même lieu, le 10 juillet 1842, âgé de 65 ans.

Réformé à Feltre, en Italie, le 30 juin 1806, comptant les campagnes des ans 7, 8, 9, 10, 11, 12, 13 et 14, criblé de blessures et non retraité, Legros fut marié, aux frais de l'état, le 6 décembre 1807.

Lasalle, Alexandre-Jude, soldat au 130.e de ligne, né à Aumale, en 1790, mort à Paris, en 1845.

Conscrit de 1809, comptant les campagnes d'Allemagne et d'Espagne, rentré en France, en 1815, prisonnier à Waterloo, libéré peu après, il fut pendant plusieurs années, sergent de la 6.e compagnie du bataillon d'Aumale.

Lajeunesse, Pierre, voltigeur au 1.er de ligne. 2.e bataillon, né à Aumale, tué par des brigands, le 27 février 1807, à Longo-Bocco (Italie). Il préféra mourir plutôt que de se rendre.

Leuillier, NICOLAS-FIRMIN, fusilier au 57.e de ligne, 5.e bataillon, 4.e compagnie, né à Aumale, mort à Strasbourg (Bas-Rhin), le 23 juin 1813, âgé de 33 ans.

Lemoine, JACQUES, soldat au 1.er bataillon de la garde nationale de la Seine-Inférieure, né à Aumale, mort à Berlin (Prusse), le 9 juin 1814.

Leroux, LOUIS-NICOLAS, soldat retraité, né à Aumale, mort aux Invalides à Paris.

Lalay, PIERRE, soldat à la 7.e compagnie de vétérnas, né à Aumale, en 1781, mort à 37 ans, à Montaigu, le 2 mars 1818.

Leuillier, CHARLES-HONORÉ, fusilier au 88.e de ligne, 3.e bataillon, 1.re compagnie, né à Aumale, en 1782.

Conscrit de 1802, congédié le 15 octobre 1808, il mourut concierge de la mairie de cette ville, le 15 mars 1838, âgé de 56 ans.

Martin, JEAN-BAPTISTE-AMBROISE, ex-gendarme à pied, non retraité, né à Aumale, le 8 février 1780.

Soldat au 20.e de ligne, puis gendarme à pied, il mourut à Aumale, le 24 juillet 1837, âgé de 57 ans.

Maille, CHARLES-AUGUSTIN, fusilier au 57.e de ligne, né à Aumale, tué le 5 juin 1807, sur le champ de bataille de Louitten.

Normand, CHARLES-NICOLAS, soldat retraité, né à

Aumale, le 31 mai 1771. Mort, au même lieu, le 19 décembre 1841 à 70 ans et quelques mois.

Normand, NICOLAS, soldat au 1.er régiment des flanqueurs de la garde, né à Aumale, mort à Metz (Moselle), le 30 novembre 1813, âgé de 23 ans.

Douillard, ALEXANDRE-AUGUSTE, ancien gendarme, né en 1784, mort à Aumale, le 23 août 1827, âgé de 43 ans.

Fontaine, LOUIS, fusilier à la 1.re demi-brigade de ligne, né à Aumale.

Soldat le 17 ventôse an II, il fut tué le 27 thermidor an VII.

Delafosse, CHARLEMAGNE, aspirant canonier au 3.e d'artillerie de marine, né à Aumale, mort le 7 janvier 1810, à Rochefort (Charente-Inférieure.)

Fontaine, PIERRE-JEAN-BAPTISTE, fusilier au 57.e de ligne, 2.e bataillon, 6.e compagnie.

Né à Aumale, il mourut, par suite de ses blessures, à Mesve (Prusse), le 31 juillet 1807.

Dacheux, CHARLES, 1.er canonier à la 8.e compagnie du 8.e d'artillerie à pied.

Né à Aumale, il mourut à Toulouse, le 22 juin 1824.

Renou, NICOLAS-CÉSAR, fusilier à la 1.re demi-brigade d'infanterie de ligne.

Né à Aumale, soldat depuis le 17 ventôse an II, il fut tué le 27 termidor an VII.

Delafosse, TÉRENCE-MESSIDOR, gendarme à cheval de la brigade du Koubah (Algérie.)

Né à Aumale, le 13 juin 1799, il fut massacré, par les bédouins, le 18 octobre 1832.

Routier, CHARLES-MICHEL, fusilier au 42.e de ligne, 1.er bataillon, 3.e compagnie.

Né à Aumale, mort à Toulouse (Haute-Garonne), le 26 juin 1814, à 36 ans.

Dégoût, PIERRE, fusilier de la garde nationale de Rochefort, né à Aumale, mort à 46 ans, le 12 mars 1814.

Roy, FRÉDRRIC, grenadier au 57:^{e} de ligne, né à Aumale, en 1789, tué le 7 septembre 1812, à la bataille de Mojaïsk.

Virtel, JOSEPH, gendarme retraité, né à Mézières (Ardennes), le 6 janvier 1738, mort à Aumale, le 11 janvier 1823, à 85 ans.

Vaillant, MARIE-FRANÇOIS, soldat retraité du 12.e chasseurs à cheval, né à Aumale, le 7 décembre 1771, mort aux Invalides, à Paris.

Verlin, AUGUSTE, grenadier au 1.er bataillon du 145.e né à Aumale, mort âgé de 20 ans, le 20 mars 1814, à Verdun (Meuse.)

Damiens, CASIMIR-SOSTHÈNE, ouvrier de 1.re classe à la 3.e compagnie du train des équipages, né à Sainte-Marguerite-lès-Aumale, le 28 novembre 1813.

Conscrit en 1833, incorporé le 28 décembre 1836, au train des équipages; ouvrier de 1.re classe, le 28 avril 1838, remplacé au corps la même année, il rentra le 31 mai suivant dans ses foyers, après avoir fait les campagnes de 1837 et 1838, en Afrique.

Duval, FRANÇOIS-HENRY, hussard au 3.e régimen
né à Paris (Seine), le 13 décembre 1822.

Conscrit de 1842, incorporé au 3.e hussards, le 24 d
cembre 1843, il fut remplacé, au corps, le 1.er octob
1846.

Hubert, LOUIS-AUGUSTE-CÉSAR, ouvrier de 1.re clas
d'artillerie de marine, à la 4.e compagnie, né le 14 févri
1812, à Quincampoix (Oise.)

Conscrit de 1832, incorporé le 19 décembre 1833, par
de Lorient, le 3 mai 1836, embarqué, à Brest, sur la g
barre *La Loire* le 25 du même mois, il débarqua à For
Royal (Martinique), le 22 août suivant.

Embarqué pour France, sur la frégate *La Terpsichore*
le 11 janvier 1838, débarqué, à Brest, le 10 avril sui
vant, rentré au corps, le 18, il fut congédié le 1.er jan
vier 1840.

CHAPITRE II.

NOTABLES.

Lefranc, JEHAN-MARTIN, prêtre, poète, historien, hilosophe et orateur, né dans le 15.e siècle, à Aumale, uivant les uns, et à Arras, suivant les autres.

Protonotaire du Saint-Siége, prévôt et chanoine de Launne, et de plusieurs autres églises, secrétaire de l'antiape Félix et du pape Nicolas v, l'abbé Lefranc mourut, à e qu'on croit, en Italie.

Parmi ses ouvrages on remarque : 1.° un livre en vers, yant pour titre : *Le Champion des Dames*, composé dans e but de venger le beau sexe du mal qu'on en dit dans le oman de *La Rose*. Une chose assez singulière, c'est qu'éant secrétaire du pape, quand il composa cet ouvrage, y parle de *la papesse Jeanne*.

2.° Un ouvrage en vers et en prose, imprimé à Paris, n 1505, et intitulé : *L'Estrif de la Fortune et de la Vertu.*

(*Dictionnaire historique de l'abbé Ladvocat, édition de* 765.)

Aumale, (CLAUDE I.er DE LORRAINE, DUC D'), 5.e fils e Réné II, duc de Lorraine, qui avait acquis le comté d'Aumale, par son mariage avec l'héritière de cette maiso Marie d'Harcourt, fut fait duc de Guise, par François I et devint, ainsi, le chef de la célèbre maison de Guise.

Aumale, (CLAUDE II DE LORRAINE, DUC D'), 3.e fils précédent, jouit de la faveur de Henri II, qui, à son av nement (1547) érigea, en duché, son comté d'Aumale, le nomma gouverneur de la Bourgogne. Il s'illustra à défense de Metz, assiégé par Charles-Quint, et aux b tailles de Dreux, St.-Denis et Montcontour; il fut l'un d plus ardents promoteurs de la St.-Barthélemy et périt, siége de la Rochelle, en 1573.)

Aumale, (CHARLES DE LORRAINE, DUC D'), fils du pr cédent, un des héros de la Ligue, né en 1556, fut nomm par les Seize, gouverneur de Paris, en 1589, fut défai près de Senlis, et perdit les batailles d'Arques et d'Ivr contre Henri IV; cependant, au siége de Paris, il força roi à lever ce siége.

Ayant, après l'avènement de ce prince, livré quelqu places de la Picardie, aux Espagnols, il fut condamné mort, en 1595, par le parlement de Paris; il se réfugia e pays étranger, et mourut à Bruxelles, en 1631.

Il eut un frère, CLAUDE, dit le chevalier d'Aumale, q périt, en combattant, contre Henri IV, à St.-Denis, e 1591.

C'est par une fiction toute poétique que Voltaire, da le 10.e chant de la Henriade, le fait périr au siége de Pari

(*Dictionnaire universel d'Histoire et de Géographie pa Bouillet.*)

(*Nota.* Nous devons ces trois notices ainsi que ce qu'on a vu a ommencement de cet ouvrage, et provenant du même auteur à M. T. Férandier, d'Aumale, élève du lycée de Beauvais, qui nous les a procurées.)

Montpensier, (ANNE-MARIE-LOUISE D'ORLÉANS, DUCHESSE DE), elle était fille de Gaston de France, duc d'Orléans, fils de Henri IV et de Marie de Bourbon.

Née le 27 mai 1627, morte le 5 avril 1690, elle fut la bienfaitrice du duché d'Aumale et du comté d'Eu ; les asiles ouverts aux malheureux, dans les les villes d'Eu, de Blangy et d'Aumale, sont son ouvrage.

(*Estancelin, Histoire des Comtes d'Eu.*)

Gallemand, JACQUES, prêtre, curé d'Aumale, docteur en théologie, grand-vicaire de l'archevêque de Rouen, premier supérieur-général des Carmélites de France, né à Aumale, en 1559, mort à Besançon (Doubs), le 24 décembre 1630, âgé de 72 ans.

Jacques Gallemand naquit à Aumale, en 1559, son père s'appelait Jean Gallemand et sa mère Marguerite de Meigneux d'Hornoy, tous deux gens d'honneur, d'esprit et de vertu.

Jean Gallemand, qui jugeait sainement des choses, disait d'ordinaire à ses amis : *Que Dieu lui avait donné un enfant qui serait, à quelque jonr, un grand ouvrier dans l'église, ce qui est arrivé.*

Des pensées sublimes sur la majesté admirable de Dieu et de ses grandes perfections remplirent son intelligence, bien avant le temps que la nature donne, aux autres enfants, l'usage de la raison.

Son père le mena à Paris, au collége des Grassins. Il

était désireux d'apprendre les sciences, et y réussit parfaitement, passant de l'étude à l'oraison, et de l'oraison à l'étude.

Il fut fait prêtre vers l'an 1585; il enseignait alors la réthorique à Beauvais, où il donnait, tant au collége qu'à toute la ville, des exemples admirables de vertu.

En 1588, il rentra au collége des Grassins, où il continua ses études théologiques jusqu'à la fin de 1590. Ce ne fut qu'à la fin de 1598 qu'il consentit qu'on lui donnât le bonnet de docteur.

L'abbé Gallemand vint, vers le commencement de 1593, à Aumale, dont il fut curé pendant dix-huit ans. Sa conversation était toute grâcieuse, accompagnée d'humilité de prudence, de douceur et de gravité. Il travailla, à la réformation de son peuple, par ses prédications, et, tous les jours, il célébrait solennellement la messe, avant laquelle il faisait la procession, de l'église paroissiale à celle des religieuses de Sainte-Catherine de Sienne.

Accompagné de ses prêtres, au nombre de vingt-quatre à vingt-cinq, et suivi de tout le peuple, il faisait souvent des processions extraordinaires pour les nécessités publiques, qui n'étaient pas rares dans ce temps.

Aux derniers jours du carnaval, lui et ses prêtres se rendaient en procession, à la chapelle du Cardonnoy, demandant à Dieu ses miséricordes. On le suivait en foule et les femmes et les filles ne craignaient pas de marcher nu-pieds, au milieu des neiges et des eaux, à l'imitation de ce saint pasteur.

Une sécheresse extrême désolant tout le pays, le curé fi

orter tous les enfants à cette chapelle, afin que leur innocence fléchît le cœur de Dieu.

Cependant tout le peuple suivait, en silence, cette procession d'innocents, et, comme ils sortaient de la chapelle, le ciel se couvrit de nuées, qui se fondirent aussitôt n pluie, et la terre, ayant été suffisamment humectée, onna ses fruits dans leur temps.

Il distribuait, aux pauvres, les offrandes de l'église, et a maison leur était ouverte à toute heure. On le voyait, ans l'hôpital, soigner les enfants et les malades; et, duant les guerres civiles, ayant, dans une année de famine, lonné aux pauvres tout le prix de son patrimoine, qu'il vait vendu pour eux; il allait, pour eux, de porte en orte, demander l'aumône, et la leur distribuait ensuite lans le cimetière.

Tant de sainteté, de bonté et de vertus réunies, en ce vénérable curé, lui attirèrent le respect et l'amour de son peuple.

Il fit encore, à Aumale, trois choses dignes d'une mémoire et d'une louange éternelles; il fonda le collége, une congrégation de filles, et réforma le monastère de Sainte-Catherine de Sienne.

Tant que les colléges des Jésuites furent ouverts à Rouen et dans les autres villes, il y faisait envoyer la jeunesse; mais après leur fermeture, sur la fin de 1594, il en fonda un dans sa ville natale, avec le secours de ses prêtres, notamment de M. Louis Calon, qui donna sa maison à cet effet.

La demoiselle Calon, sa mère, s'y était réservé une chambre, qui était nécessaire pour l'établissement d'une chapelle, et qu'elle ne voulait pourtant pas quitter qu'après sa mort.

M. Gallemand lui dit bonnement : *Que, puisqu'elle la refusait, il la demanderait à Dieu.*

Ladite demoiselle se trouvant quelques jours après à une procession qu'on faisait d'Aumale à Quincampoix, fut saisie, en chemin, d'une sorte de perclusion de tous ses membres. Elle reconnut, dans ce mal, la main de Dieu, qui la touchait, lui promit cette chambre, la donna, et guérit.

Quatre régents, savants et hommes de bien, vivaient sous la conduite de ce vénérable docteur, qui était, heureusement pour eux, leur père et leur principal.

On sut bientôt à Paris, à Rouen et dans d'autres villes, l'établissement de ce nouveau collége; ce qui y attira des enfants des meilleures familles. (Parmi les élèves on comptait un gentilhomme nommé De Brétigny, âgé de 40 ans environ.)

Après cette fondation, il assembla quelques filles sous la conduite de Jacqueline Soulaz, qui forma une congrégation pour les enfants du sexe féminin.

La troisième œuvre de l'abbé Gallemand fut la réformation du monastère des *Filles du Tiers-Ordre de St.-Dominique*, que les malheurs des temps avaient réduit en un état déplorable; les bâtiments réguliers n'étaient que de vieilles ruines, et le peu de filles qu'il y avait, vivaient en séculières.

Ayant d'abord rendu le monastère logeable, il prit trois anciennes religieuses du même ordre et six filles séculières, auxquelles il donna l'habit, acheva leurs bâtiments, et fit une constitution, qu'elle reçurent en 1606, et qui fut confirmée par le pape Paul V (Camille Borghèse), le 13 octobre 1612.

Son mérite connu le fit appeler à Rouen pour y prêcher le carême de 1594, et il laissa dans l'âme des chrétiens de cette ville, de puissantes impressions de vertu. Son nom était tellement en vénération dans la contrée qui environnait Aumale, que chacun en parlait comme d'un saint Athanase ou d'un saint Augustin.

Il prêcha la réforme à Senlis, Pontoise et Gisors, puis ensuite à Paris, où il fit une grande moisson d'âmes. De là il leva les yeux sur le diocèse de Rouen; il vint à Montivilliers, où il prêcha le carême de 1601 et 1603, et parvint à réformer le monastère des Bénédictines de cette ville. M. de Bourbon, et après lui le cardinal de Joyeuse, son successeur, connaissant le mérite de ce vénérable curé, l'appelèrent à une participation générale de tous les soins de leur charge épiscopale, en le faisant leur grand-vicaire. Alors il veillait sur toutes les églises du diocèse, sans préjudice des soins qu'il devait à sa cure d'Aumale.

Guillaume Rose, évêque de Senlis, savant et vertueux prélat, vint à Aumale, conférer avec lui; et MM. de la cathédrale de Rouen venaient chercher, des officiers du service divin, pour leur église, dans celle d'Aumale.

Les personnes laïques, même celles d'une grande condition, quoique leur demeure fut éloignée d'Aumale, ne craignaient pas d'en entreprendre le voyage, pour y voir et pratiquer cet homme de Dieu, y entendre ses paroles de vie et recevoir ses instructions.

Un homme, perdu de créances et de mœurs, fut tellement converti, qu'il résolut de demeurer le reste de sa vie dans un ermitage voisin d'Aumale.

En 1604, M. Gallemand donna tous ses soins à l'établissement des Carmélites; il en fut le premier supérieur. En ce temps, Dieu lui ôta sa mère, vénérable matrone, issue de la noble famille de Meigneux; elle mourut, digne mère d'un tel fils, sage, humble, dévote, charitable, l'asile des misérables, le refuge des pauvres, la consolation des affligés, et le grand modèle de vertu pour toutes les femmes d'Aumale. Tout ce qu'il en hérita ne fit que passer de ses mains dans celles des pauvres.

De Paris, M. Gallemand avait ouï la voix de son troupeau d'Aumale, qui gémissait de sa longue absence, il y accourut; mais comme ses paroissiens surent qu'il voulait se démettre de sa cure, la consternation fut générale. Il ne la quitta pourtant pas encore tout-à-fait, pour cette fois; car quoiqu'il se demit de cette charge, sur les épaules assez fortes et vigoureuses de M. Louis Calon, docteur en théologie, que le peuple honorait pour sa doctrine et sa vertu, n'écoutant sa voix que comme l'écho de celle de M. Gallemand; lui, nonobstant ses autres emplois, ne put s'empêcher d'agir encore quelques années, pour eux et avec eux, comme s'il eût toujours été leur curé, se rendant à Aumale, tantôt pour quelques semaines, tantôt pour quelques mois.

Cette façon de les gouverner, par des visites assez courtes, dura cinq ou six ans; M. Calon lui rendit sa cure, dont il se démit cependant encore une fois, lui étant impossible d'en supporter la charge, avec tous ses autres soins.

Il quitta donc Aumale, pour n'y plus rentrer, vers 1611;

a mémoire y sera en bénédiction jusqu'à la fin des siècles. 'oute la ville, et particulièrement le collége qu'il a fondé, t le monastère de Ste.-Catherine de Sienne, qu'il y a établi, rappelleront sa gloire. (Le monastère n'existe plus lepuis la première révolution ; les bâtiments qui en restent ont occupés par la famille Yvart).

Pour l'établissement des différents monastères de Carnélites, il fit des allées et venues fréquentes de province n province, en Bourgogne, en Normandie, en Guienne, n Touraine, en Picardie, en Flandre et en Franche-Comté.

En 1606, M. Gallemand mit la réforme dans le monasère de Ste.-Catherine de Sienne d'Aumale, dans le temps où il travaillait, le plus ardemment, pour les Carmélites.

En 1607, il s'employa fortement à l'institution des reigieuses Ursulines; le commencement de cette institution ut lieu sous lui, et il fut nommé directeur de leur monastère de Paris, dont il dressa les constitutions.

L'évêché de Senlis lui ayant été proposé, il le refusa ; ette charge fui parut trop pesante, et la cure d'Aumale ui pesait assez.

Il s'en démit tout-à-fait vers 1611, pour vaquer, avec lus de liberté, au service des Carmélites et des Ursulines. Quelques années après, il se vit obligé de prendre la cure le Notre-Dame-des-Vertus ; que lui procura M. de Joyeuse, en 1614 ; il garda ce poste pendant cinq ans.

Mme de Guise qui avait appris, par la bouche du cardinal de Joyeuse, son oncle paternel, le mérite de M. Gallemand, le choisit pour instruire Mlle de Montpensier, sa fille, à bien faire sa première communion.

Il se démit de la cure d'Aubervillers, en 1619, quitt Paris et se retira en Bourgogne et en Franche-Comté, pou n'en plus sortir. Il ne laissait pas, cependant, de gouverner toutes les Carmélites de France et les Ursulines d Paris, (avec le concours de ses collègues, MM. Duval e de Bérulle) qui recevaient, de ces lieux éloignés, tous se ordres comme des oracles.

En 1621, il alla à Besançon, où les Carmélites avaien commencé l'établissement de leur ordre, et ensuite à Dôle De Dôle, il revint à Besançon, où Dieu le fit retourner pour le mettre dans les dernières et parfaites disposition de sa sainte mort; c'était dans la 68.e année de son âge

M. Le Sellier, un de ses bons amis et curé d'Octeville au pays de Caux, entreprit, en ce temps là, le voyage d Besançon, tout exprès pour recevoir, encore une fois, s bénédiction.

Le vénérable abbé Gallemand s'endormit dans le Seigneur l'an 1630, à l'âge de 72 ans, dans la ville de Besançon, la veille de Noël, sur les 10 à 11 heures du soir Il fut enterré le jour de St.-Etienne, dans l'église de Carmélites, vers le grand autel, et les religieuses miren sur sa fosse, une tombe en marbre rouge avec cette inscription :

Sub hoc lapide, requiescit Dominus Jacobus Gallemand cujus memoria in benedictione est.

Sous cette pierre repose Maître Jacques Gallemand, don la mémoire est en bénédiction.

La piété, la crainte de Dieu, la charité, la chasteté, l zèle, l'innocence, la modestie, l'humilité, la miséricorde la mansuétude, et toutes les autres perfections de la sagesse et de la perfection chrétiennes, ont paru, avec éclat, en la personne de ce vénérable serviteur de Dieu.

(Extrait de sa vie, écrite par le père Placide Gallemand, son parent, gardien du couvent des Récollets de Paris, en 1653. La notice suivante est du même auteur et l'ouvrage appartient à M. Etienne Defer d'Aumale, qui a eu la complaisance de nous le procurer).

Calon, Louis, prêtre, docteur en théologie, curé d'Aumale, né en cette ville, en 1577, mort à Vernon, (Eure), le 26 août 1647, âgé de 70 ans, était fils de Louis Calon et de Jacqueline de Cléry.

Après avoir appris ce qu'on enseigne dans les petites écoles, il fut élevé dans les affaires séculières, jusqu'à l'âge de 20 ans. Se sentant alors de la vocation pour l'état ecclésiastique, vocation que confirma M. Gallemand; il s'appliqua à l'étude des bonnes lettres et reçut les saints ordres.

Revenu à Aumale, il en prit la cure, à la persuasion de M. Gallemand, qui fut ravi de trouver en lui, un si digne successeur. A la mort de ses parents, se voyant riche de 50 à 60 mille livres de biens, pour n'en point supporter la charge, qui eut été trop pesante à sa vertu, il s'en défit, selon les impulsions de la charité, de sorte qu'après sa mort, il n'en est rien retourné à ses proches.

Il donna sa maison paternelle pour la fondation du collége et en acheta une autre pour l'école des filles; l'église paroissiale, le couvent des Religieux Pénitents, et d'autres établissements, ont joui de ses bienfaits, sans compter ses aumônes envers les pauvres.

Après avoir vécu plus de 70 ans, pressentant sa mort,

il souhaita passer ce dernier acte de sa vie dans la maison de la Mission de Paris afin que M. Vincent-de-Paule, son bon ami, et supérieur de cet institut, en fût un des plus fidèles spectateurs. En suivant ce désir, il partit de Rouen où il était allé passer quelque temps, au mois d'août 1647; mais son mal l'ayant obligé de s'arrêter chez un villageois, qui l'obligea de sortir de chez lui, pour n'en être plus importuné, il se fit conduire au couvent des Capucins de Vernon. Il y fut reçu le 18 août et y mourut le 26.

Lecointe, Pierre-Herbland, prêtre et vicaire d'Aumale, né en cette ville, en 1767, mort au même lieu, le 20 avril 1812, âgé de 45 ans.

Il fut aimé de Dieu et des hommes et sa mémoire est en bénédiction. (*Ecclésiastique, chap.* 45, *vers.* 1.er)

Ternisien, Marie-Marguerite, Sœur de la Providence, né à Aumale, en 1741.

Maîtresse des Ecoles Chrétiennes de cette ville, elle y mourut le 16 mai 1812, âgée de 61 ans, victime de son zèle infatigable pour l'instruction de la jeunesse. Que le souvenir de ses leçons et de ses vertus serve de règle à la jeunesse et de modèle à l'âge mûr.

Bourgois, Jacques-François-Augustin, né à la Frénoye, (Somme), en 1741, mort à Aumale, le 16 juillet 1812, âgé de 71 ans.

Ancien avocat, maire d'Aumale, juge au tribunal de Neufchâtel, président du tribunal criminel de Rouen, membre de la Convention nationale, du Conseil des Anciens, et du Corps Législatif, il emporta dans la tombe, l'estime et les regrets de ses concitoyens.

Rose, Louise-Cécile, dite Sœur S.te-Thérèse, dernière supérieure du couvent de S.te-Catherine de Sienne, d'Aumale, née en cette ville, en 1724, morte au même lieu, le 1.er décembre 1812, âgé de 88 ans 8 mois.

Elle prit l'habit religieux au couvent d'Aumale, à 22 ans, le 27 janvier 1747, et y fit profession, le 30 janvier 1748.

Longtemps supérieure de son couvent, la sœur S.te-Thérèse en fit le bonheur ; le respect et la vénération qu'elle inspira honoreront, à jamais, sa mémoire.

Les deux dernières religieuses du couvent d'Aumale sont mortes, l'une en 1840, et l'autre en 1841.

Beuvain de Montillet, Félix, né à Aumale, le 18 avril 1748, mort, au même lieu, le 20 septembre 1816, âgé de 68 ans 6 mois.

Chevalier, dernier procureur-général du roi, près la cour du grand conseil, il revint à Aumale, après la suppression de cette cour.

Nommé maire de sa ville natale, il y fit revivre des établissements précieux ; puis, dans ces fonctions, auxquelles il joignit celles de membre du conseil-général de la Seine-Inférieure, il consacra les 20 dernières années au service de ses côncitoyens, qu'il chérissait, bornant son ambition à mériter leur estime et leur souvenir.

Lemoine, François, né à Aumale, en 1819, actuellement garçon de café à Paris.

Dans plusieurs circonstances, notamment à l'incendie d'Alger, en 1841, il sauva, au péril de ses jours, plusieurs personnes exposées à mourir. Aussi est-il porteur de deux médailles d'honneur de 1.re classe, en argent.

Rouzée, PROSPER-ELOI, secrétaire-interprête du gou verneur du Sénégal (Afrique), né à Aumale, le 27 dé cembre 1798.

Il mourut à St.-Louis du Sénégal, à l'âge de 22 ans le 7 novembre 1820.

Dizengremel, JEAN-BAPTISTE-MARTIN, docteur e médecine de l'école de Paris, né à Equesnoy, canton d Breteuil (Oise.)

Ce savant médecin, auteur d'une analyse des eaux-miné rales de S.te-Marguerite-les-Aumale, publiée, chez Féray à Neufchâtel, en 1806, mourut à Aumale, le 5 juin 1825 à 53 ans.

Monet, (STANISLAS-ADAM-AUGUSTE, COMTE DE), che valier de Malte, né à Versailles en 1760, mort à Aumale le 1.er février 1826, âgé de 66 ans.

Levaillant de la Motte, MARIE-HENRI-ALEXIS, prêtre, curé-doyen d'Aumale, membre de la commissior de l'hospice et du bureau de bienfaisance, né à Richemont canton de Blangy, mort à Aumale, le 29 août 1826, âg de 62 ans.

Auteur de plusieurs poésies latines très-estimées, ce vénérable prêtre, emporta dans la tombe, les regrets de tous ses paroissiens. Un modeste monument lui fut élevé par eux, sur son tombeau, la garde nationale toute entière lui rendit les honneurs militaires et ses concitoyens l'accompagnèrent tous, au champ du repos. *Per transiit bene faciendo.*

Duprey, JEAN-CHARLES, prêtre-curé d'Aumale, né

au Mesnil-Reury, près St.-Laurent, canton de Doudeville, en 1789.

Prêtre en 1814, vicaire de St.-Maclou, de Rouen, la même année, vicaire de la cathédrale, en 1820, curé d'Aumale en 1826, membre de la commission de l'hospice et du bureau de bienfaisance, il mourut en cette ville, le 4 janvier, 1830, âgé de 41 ans.

L'abbé Duprey se distingua, dans le saint ministère, par sa piété, son zèle pour l'instruction de la jeunesse, et, surtout, par ses talents pour la prédication.

Duchaussoy, François-Philbert, officier de santé, chirurgien-aide-major au bataillon d'Aumale, né à Agnières (Somme), le 27 janvier 1794.

Volontaire, puis sergent-major de grenadiers en 1814, décoré de plusieurs médailles, par le jury médical et autres sociétés savantes, il mourut à Aumale, le 9 janvier 1836, âgé de 41 ans.

Duchaussoy, Auguste, son fils, ancien élève du collége d'Aumale, un des élèves les plus méritants du collége de Rouen, puis de l'école de médecine de la même ville, actuellement interne à l'hospice général du même lieu a obtenu dans ses études, les premiers prix aux divers concours.

Savoye, Etienne, sous-inspecteur retraité du domaine privé, né à Caulières (Somme), le 9 mai 1765, mort à Aumale, le 9 janvier 1836, âgé de 71 ans.

Savoye, Adolphe, fils du précédent, né à Aumale,

est actuellement inspecteur-forestier à Villers-Cotterets (Aisne), et chevalier de la légion d'honneur.

Blondin de St.-Cyr, Casimir-Wilbrod, chevalier de St.-Louis, conseiller municipal et président de la fabrique de l'église d'Aumale, né à Abbeville (Somme), le 9 octobre **1773**, mort à Aumale, le 5 mai **1846**, âgé de 73 ans et quelques mois.

Le souvenir de ses bienfaits sera toujours cher aux habitants d'Aumale, surtout à ceux dont, souvent, il soulagea l'infortune.

LISTE

DES GARDES NATIONAUX VOLONTAIRES,

EN JUIN 1848.

Etat-major.

THÉLU, chef de bataillon. HERLIN, porte-drapeau.

Sapeurs-Pompiers, (Aumale.)

YVART, Charles, lieutenant. DEFER, sous-lieutenant. JEAN, sergent-major. LESUR, sergent. LEGROS, caporal. BARTHÉLÉMY, tambour.

3.e Compagnie, (Aumale.)

LETELLIER, capitaine en 2e. BLANDIN, lieutenant en 1.er MAGNIER, armurier du bataillon, sergent. DOUILLON. HERLIN, Amédée. BARRAS, caporaux. LEJEUNE, Désiré, parti pour son père, (sergent alors malade). BIT, Michel. JOLY, Gervais, père. DUVAL, Henry. GOBERT. MIELLOT, César. BEAUFILS, Placide. AMOURET. BEAURAIN, (clercs de notaire.) TRILLAUD, Gaspard. LELUIN, Hippolyte.

7.e Compagnie, (Aumale.)

BAUDOULT-D'HAUTEFEUILLE, capitaine en 1er. DREVET, capitaine en 2e. LECOINTE, lieutenant en 1er. VERLIN. LEBLANC, Vespasien. REGIMBART, caporaux. SOULLEZ, décoré de deux médailles d'honneur, instructeur. LEVAILLANT DE TORCY. HERTEL, Achard. LARCHER, Alexandre. CAPET, Alexandre. BILLOT, Jean-Baptiste. BURGUÈRE, Adolphe. DUMONT, aîné HERNAS, père. LABITTE, fils. CHAUFFERT, fils. YVART, Emile. YVART, Alexandre, fils.

Ste. Marguerite.

PIOT, sous-lieutenant.

DEUXIÈME PARTIE.

COMMUNES RURALES.

1. AUBÉGUIMONT.

Cette commune, qui compte 450 habitants environ, fut connue anciennement sous les noms de: *Albini Mons, Aubignimont, Aubignemont*; puis, elle prit, plus tard, celui d'**Aubéguimont**; qu'elle porte encore aujourd'hui. (Dans la plaine dite *la Mare Close* on trouve encore à chaque instant des tuiles romaines).

En 1225, son église, qui venait d'être érigée en cure, fut donnée à l'abbaye du Tréport, par la comtesse Alix d'Eu, veuve du comte Raoul II. Celle qui existe actuellement est construite en cailloux silex ; elle est fort propre ; et les ornements sacerdotaux, appartenant au desservant, sont d'une grande beauté. Son clocher est construit en forme de minaret turc, et sa base qui représente une grande cloche, en renferme trois formant accord.

L'intérieur de cet église n'offre de remarquable sous le rapport de l'architecture, que les sculptures des sablières de la nef.

8.*

BIOGRAPHIES.

Raullet, ANTOINE, porte-drapeau retraité de la 88.e demi-brigage d'infanterie de ligne, chevalier de la légion d'honneur, né à Aubéguimont, en 1772.

Réquisitionnaire de 1793, rentré dans ses foyers après la bataille de Waterloo, il fit toutes les guerres de la Révolution et de l'Empire, sans exception, et se distingua particulièrement dans celles d'Egypte et d'Italie où il fut décoré.

Mort à Aubéguimont, en 1837, Raullet était, depuis 1830, sous-lieutenant de la garde nationale de cette commune.

Capitaine, JEAN-PHILIPPE, lieutenant en 2.e, retraité, du 1.er régiment d'artillerie de marine, chevalier de la légion d'honneur, né le 24 décembre 1789, à Fumay, canton de Fumay, (Ardennes).

Conscrit de 1809, entré, par anticipation, au 1.er d'artillerie de marine, le 31 mai 1808, embarqué sur le *Sceptre*, le 1.er avril 1811, débarqué le 14 novembre suivant, caporal-fourrier, le 1.er août 1812, sergent, le 1.er février 1813, sous-lieutenant, le 9 novembre suivant, lieutenant en 2.e, le 1.er juillet 1814, chevalier de la légion d'honneur, le 18 août 1814, il fut mis à la retraite le 1.er février 1815.

Le lieutenant Capitaine compte 9 ans 10 mois 28 jours de services, y compris ses campagnes de terre et de mer. Il fut détaché aux batteries de la côte du sud, pendant 18 mois, du 4 juin 1808 au 4 décembre 1809, et à la grande armée, pendant 13 mois 13 jours, du 26 mars 1813 au 9 mai 1814.

Il se trouva aux batailles de Lutzen (2 mai 1813), de Bautzen et Wurschem, (20 et 21 du même mois), de Dresde, (27 août), des montagnes de la Bohême, (28 et 29 du même mois), de Leipsick, (les 16 et 18 octobre de la même année), et de Brienne, (le 1.er février 1814).

Blessé d'un coup de lance au bas-ventre, le 28 août 1813, dans les montagnes de la Bohême, de trois coups de mitraille au bras, et à l'avant-bras gauche, amputé, par suite de ses blessures, le 1.er février 1814, à Brienne, cet officier, étant adjudant de place à Charlemont, (poste qu'il occupa du 20 mars 1815 au 1.er janvier 1816), reçut encore, dans une sortie, un coup de sabre à la jambe droite.

Il réside maintemant à Richemont, canton de Blangy.

Maillard, Louis, brigadier retraîté du 16.e chasseur à cheval, chevalier de la Légion-d'Honneur, né aux Landes, le 8 janvier 1777, et mort au même lieu, le 25 janvier 1848, âgé de 71 ans.

Volontaire, le 24 nivôse an 7, brigadier, le 11 thermidor an 10, chevalier de la Légion-d'Honneur, le 14 avril 1807, retraité, le 25 août 1808, il fit les campagnes des ans 7, 8, 9, 10, 11, 12, 13, 14, 1806, 1807 et 1808, et fut blessé : 1.° d'un coup de feu au genou gauche, le 5 décembre 1798, 2.° d'un coup de lance à la jambe gauche, le 8 juin 1801 ; 3.° d'un autre coup de lance, à l'angle interne de l'œil gauche, le 16 février 1803 ; 4.° d'un coup de feu à l'épaule droite, et mis à l'ordre du jour de l'armée, pour son intrépidité devant l'ennemi, le 20 juillet 1806, et 5.° d'un coup de biscayen, au côté gauche, le 8 juin 1807, à la prise d'Heilsberg.

Le brigadier Maillard, rentré dans ses foyers, fut conseiller municipal pendant 22 ans, et membre du comité local pour l'instruction primaire, depuis 1824 jusqu'à sa mort.

Il était beau-frère du chef de bataillon Levaillant dont nous avons parlé dans les biographies des militaires d'Aumale.

Raullet, Jean-Baptiste-Valery, sous-inspecteur des écoles primaires de la Seine-Inférieure, né à Aubéguimont, le 28 février 1816.

Elève de l'Ecole Normale de Rouen en 1833. Maître de pension, à Arques, en 1835, sous-inspecteur en 1844, il est décoré d'une médaille de bronze et d'une autre en argent que lui a décernées le ministre de l'instruction publique pour son zèle et la bonne tenue de son établissement.

Carpentier, Louis, sergent instructeur de la jeune garde, né à Paris (Seine), en 1797.

Conscrit de 1811 aux pupilles de la garde du roi de Rome, passé aux tirailleurs de la jeune garde, blessé à Bautzen et à Leipsick, prisonnier à cette dernière affaire et conduit à Thérezestadt, en Hongrie, il rentra en France après 18 mois de captivité, fut incorporé au 32.e de ligne et réformé quelques mois plus tard.

Sergent instructeur de la jeune garde, dans les Cent Jours, il fut congédié après la bataille de Waterloo.

Croisier, Jean-Baptiste, caporal à la 88.e demi-brigade d'infanterie de ligne, né à Aubéguimont, le 4 octobre 1788.

Parti à la place de son frère, incorporé à la 88.e demi-brigade, le 26 octobre 1805. Caporal le 17 mai 1811, il ut réformé le 6 juillet 1814 et compte les campagnes de 806, 1807, 1808 en Prusse, et en Pologne 1809, 1810, 811, et partie de 1812 en Espagne.

Blessé d'un coup de feu le 14 octobre 1806, à Iéna, risonnier le 7 avril 1812 à Badajoz, en Espagne, Croisier entra en France, le 2 juin 1814, et fut autorisé, le 6 du ıême mois, par M. le duc de Doudeauville, à porter le lys.

Gourdain, Jean-François, soldat retraité du train 'artillerie, né à Foucarmont en 1772.

Réquisitionnaire de 1793, incorporé au 2.e bataillon es Deux-Sèvres, soldat du train en 1794, retraité en 808, il compte 29 campagnes, 15 ans de services et 15 lessures.

Prisonnier, pendant 13 mois, à Wirtsbourg, en Bavière, rentra en France, le 14 mai 1807. Faisant partie de armée de Moreau, il reprit, avec l'aide de 4 grenadiers, ne pièce de canon que les Autrichiens venaient d'enlever ux Français, dans la Forêt-Noire. A cette occasion Ber-adotte, mort depuis roi de Suède et de Norwège, lui onna 150 fr. de gratification.

Morel, Pierre-Jean, canonnier de 1.re classe au 6.e égiment d'artillerie, né à Aubéguimont, le 22 avril 1789.

Conscrit de 1807, il fit la campagne de Bretagne après quelle il tint garnison à Brest. Entré en Espagne en 1811 en sortit en 1815, après avoir assisté au siége de Castro, u combat de St.-Sébastien, au siége de Santona, etc.

En descendant un jour du Mont-Brusco, près Santona, entendit des cris plaintifs dans la vallée, s'étant appro-hé Morel aperçût un lieutenant du 130e de ligne, Français, nommé Descroix, aux prises avec plusieurs Espagnols qu voulaient le tuer.

Aussitôt mettant le sabre à la main, ce brave canonnie s'élança sur ces brigands, les mit en fuite et rapporta l lieutenant Descroix jusqu'à son quartier.

Le canonnier Morel qui compte 8 ans 10 mois de services, 5 campagnes et 2 blessures est, dupuis 1830, lieutenant de la garde nationale d'Aubéguimont.

Villerel, JEAN, soldat au 57.e de ligne, né à Aubéguimont en 1790, comptant les campagnes de 1809, e Autriche, et de 1812, en Russie; blessé par un biscaye au bras droit, et prisonnier de guerre à Mojaïsk, le septembre 1812, il rentra en France le 17 novembre 1814

Pepin, JEAN-BAPTISTE, soldat retraité, du 44.e d ligne, 3.e bataillon, 5.e compagnie, né à Aubéguimont le 8 avril 1780.

Incorporé au 44.e, le 13 brumaire an XIV, comm conscrit de la réserve de l'an X, (pour la Seine-Inférieure) retraité le 3 février 1808, il compte les campagnes d 1806, et des huit premiers mois de 1807.

Il assista notamment aux célèbres batailles d'Iéna (14 octobre 1806), et d'Eylau (5 octobre 1807), où i fut blessé, savoir: 1.° de deux coups de sabre qui lu mirent le cerveau à découvert et dont on voit encore le cicatrices qui sont effrayantes; 2.° de trois autres coup de sabre sur les bras; 3.° et d'un coup de lance qui lu traversa le cou d'outre en outre.

Bailly, FERDINAND, soldat de la jeune garde, né Hauville, canton de Routot (Eure), le 19 juin 1792.

Conscrit de 1813, incorporé dans la jeune garde, ongédié dans les Cent-Jours, il fit les campagnes de rance, en 1814 et 1815.

Prisonnier à Némours, il s'échappa 3 jours après des ıains des Cosaques, et rejoignit la vieille garde, à Fonainebleau, où il fut témoin des adieux de l'Empereur à es grognards.

Odin, Georges, fusilier au 24.e de ligne, 3.e baaillon, 5.e compagnie, né à Rouen, le 11 août 1814.

Jeune soldat en 1834, entré au 56.e le 26 juin 1836, u 24.e le 5 janvier 1840, il fit la campagne d'Afrique vec ce régiment et fut réformé le 4 octobre 1840.

Blessé d'un coup de feu à la jambe gauche, le 21 uillet 1840, à Milianah, il reçut 200 fr. de gratification, n janvier 1841.

Fruitier, Narcisse, soldat au 3.e de ligne, né à ichemont, le 31 mai 1814.

Conscrit de 1834, libéré le 31 décembre 1847, comptant 4 ans de service, il est actuellement sous-lieutenant de a garde nationale d'Aubéguimont.

2. BEAUFRESNE.

Dès 1154, l'église paroissiale de Beaufresne relevait de l'abbaye d'Auchy. Ombragée par un tilleul de 13 mètres 33 centimètres environ, de circonférence, à sa base, elle n'offre de remarquable que les autels de la Vierge et du chœur, le lutrin, son aigle, et le confessionnal, le tout en chêne, sculpté et d'une bonne exécution. Son desservant est le curé du Ronchois.

La population de Beaufresne est de 306 habitants.

BIOGRAPHIES.

Digeon, Charles-Damas, caporal au 50.ᵉ de ligne, né à Criquiers, le 11 décembre 1810.

Soldat de 1830, incorporé au 50.ᵉ en 1832, congédié, comme caporal le 31 décembre 1836. Capitaine de la garde nationale de Beaufresne, depuis 1840, il fit les campagnes de la Belgique et de la Vendée.

Beaurain, François, caporal de voltigeurs au 23.ᵉ de ligne, né à Conteville, le 6 janvier 1804.

Conscrit de 1824, congédié, comme caporal, en 1832. Il compte les campagnes de 1830 et 1831 en Afrique.

Dumesnil, Eugène, soldat au 4.ᵉ lanciers de la garde royale, né à Escles (Oise), le 2 octobre 1798.

Volontaire dans la garde impériale, en 1813, congédi en 1819, il fut attaché, comme domestique, à M. Semichon, aide-de-camp de Cambronne, sous l'Empire, et du maréchal Soult, sous Louis XVIII.

Garde-champêtre de Beaufresne, depuis 10 ans, Dumesnil fut blessé, en 1815, d'un coup de sabre au pied droit, par les cosaques, sous les murs de Château-Thierry.

3. CONTEVILLE.

Le nom de cette commune dérive de *Comitis Villa*, d'où n a fait d'abord *Comteville* puis **Conteville**. Elle posédait une église dès 1141.

Celle qui existe aujourd'hui fut construite, à frais comnuns, en 1776 par la commune et M. Quillet curé de cette aroisse, mort en Allemagne, pendant le règne de la 'erreur. (Le presbytère fut aussi construit, à frais comnuns par les mêmes.)

Le clocher renferme trois cloches et une horloge et sa tructure n'a rien de remarquable.

Le maître-autel est en marbre noir, veiné de blanc ; il st surmonté de trois tableaux fort altérés par l'humidité, t représentant : *St.-Nicolas, la Résurrection* et *la Vierge*. – Ces tableaux sont placés dans une boiserie en chêne, rnée de croix, mîtres, etc., etc. le tout doré, ainsi que es sculptures de la chaire, qui est aussi en chêne.

Près de la forêt de Conteville, qui appartient à la veuve u général *Hoche*, on voit une jolie petite chapelle, dédiée *Notre-Dame de Bon Secours*. Située sur la propriété de 1. Louis Deslion, adjoint au maire de la commune, elle ut construite par son père, Pierre-Jean Deslion, qui fut naire de Conteville pendant 18 ans, et y mourut, à 76 ans, le 29 octobre 1846.

Il fit bâtir cette chapelle, en reconnaissance de la réussite dans le commerce, qu'obtinrent ses 4 fils au Brésil Le premier, parti avec le colonel Bellard, riche propriétaire, en ce pays, obtint de tels succès qu'il appela ses frères près de lui ; et : bientôt, ils eurent des maisons importantes à *Bahia* et *Rio-Janeiro*, puis à *Nantes* (Loire-Inférieure.)

Dans l'une des salles de la maison de M. Deslion, on remarque une collection de reptiles, d'oiseaux, et d'insectes qu'il a rapportés du Brésil où deux de ses trois frères sont encore.

Parmi tous ces objets curieux le plus digne d'attention, c'est un pot de fleurs, composé, entièrement, avec des aîles d'insectes.

La seigneurie de Conteville fut vendue, avec celle de Gaillefontaine, le 21 octobre 1790, à M. Du Ruey, homme riche et bienfaisant, administrateur du trésor royal.

Ce beau village compte 730 habitants ; il est chef-lieu du 2.e bataillon de la garde nationale du canton.

Un instituteur laïque et une religieuse y instruisent les enfants des deux sexes.

La garde nationale se compose d'une compagnie de sapeurs-pompiers et d'une autre de fusiliers. La pompe est déposée à la mairie. C'est la seule que possède le canton (dans les communes rurales).

Neuville-Gouvion, actuellement, une des sections de Conteville, était jadis une seigneurie et avait une chapelle détruite peu avant 1789.

Une grande partie des dépendances du manoir forme le

village; mais l'emplacement de ce château est la propriété de M. le baron d'Anvin de Hardenthun.

On y remarque une très-belle motte, dominant tout le pays, par sa grande élévation. Elle a 30 mètres environ de diamètre, à son sommet, où l'on trouve un puits très-bien conservé. Les herbages environnants sont couverts des débris des murs d'enceinte et de ceux du château, qui, à en juger par les vestiges, devait être important, à l'époque de la féodalité. La petite place située près de cette ancienne seigneurie porte encore le nom de place du *Catet*, ou du *Château*.

De cette motte, sur laquelle on n'a pu nous donner des renseignements authentiques, part le chemin dit : *le Fossé du Roi*, ou *Fossata Regis*.

Ce nom lui était attribué dès 1314, et l'on pense qu'il servait de démarcation entre deux peuplades anciennes. Cependant, d'après une tradition populaire, très-accréditée dans les communes de Conteville, Ronchois, Illois, et S.te-Beuve, que traverse ce chemin, qui se perd dans la forêt d'Eu, le manoir de Neuville-Gouvion et le fossé du Roi seraient plus anciens de construction. On prétend que la reine Blanche de Castille, mère de S[t].-Louis, en fut la fondatrice, et que le chemin, dont quelques parties sont fort bien conservées, lui servait pour se rendre à Eu, par la forêt, en toute sûreté. On ajoute, même, que, pour faire perdre la trace de sa mule, elle la faisait ferrer au rebours. Les titres seigneuriaux ne donnent aucun renseignement positif sur la motte, ni sur le chemin.

A l'entrée du village, sur la rue de Conteville, se trouve

un *Ecce homo*, ou chapelle de S^{t}.-Sauveur, construit par M. Hignard, ex-instituteur de Beaufresne, sur sa propriété, il y a peu d'années.

Notre opinion, sur le manoir de Neuville-Gouvion, et sur le fossé du Roi, diffère de la légende 1.° en ce que nulle histoire ne nous dépeint la reine Blanche de Castille, comme en butte aux vexations, et obligée de se cacher pour les éviter. 2.° Que le chemin de la Hêtrelaye, et une partie de la grande rue de Criquiers, portant le nom de *Chaussée Brunehaut,* nous penserions plutôt que le manoir et le fossé du Roi pourraient bien être attribués à cette reine qui, comme on sait, fut en guerre ouverte avec sa rivale Frédégonde, et fut immolée à son ressentiment.

Une motte semblable à celle de Neuville-Gouvion, existait encore il a quelques années, aux limites sud-est de Conteville, près de celles de Gaillefontaine et Criquiers.

La Hêtrelaye, petit hameau de cette commune, a été long-temps la propriété de la famille BAYARD, qui compte, parmi ses membres, le fameux *chevalier sans peur et sans reproche.*

Voici les seuls renseignements que nous avons pu obtenir sur cette antique famille, et que nous devons à l'obligeance de M. de Fromerie, instituteur, secrétaire de la mairie et du conseil de discipline du bataillon de Conteville, ainsi qu'à M. Terrier, brigadier de gendarmerie à Aumale.

BIOGRAPHIES.

Messire ADRIEN **Bayard**, écuyer, sieur de la Hêtreye, mort le 10 août 1814 à Conteville, âgé de 60 ans, quit, au même lieu, le 28 février 1750.

Il était fils de messire Adrien-Antoine BAYARD, écuyer, eur de la Hêtrelaye, et de Marie-Françoise LETURQUIER, avait épousé Marie-Rose-Félicité d'HAUCOURT.

Son fils, Adrien BAYARD, âgé, maintenant, de 72 ans, viron, et qui réside à Catteville, près Envermeu, posde les titres et les armes de cette famille.

Ces armes sont trois fleurs de lys (armes de France) au ilieu desquelles une épée soutient, sur sa pointe, la counne royale qui surmonte l'écusson.

Les autres membres de cette famille, dont les registres e l'état civil de la commune nous font connaître les noms, nt :

Marie-Madelaine BAYARD, fille d'Adrien-Antoine, née 18 juillet 1751.

Une autre Marie-Madelaine BAYARD, fille de feu Adrien, cuyer, sieur de la Hètrelaye, et de Marie-Madelaine LEONG, qui épousa, le 18 janvier 1752, Jean-Baptiste UDOIN, écuyer sieur de la Prade. Au nombre des témoins tait son frère aîné, Adrien-Antoine, père d'Adrien, cité n tête de cet article, et qui avait succédé à son père, ans son titre d'écuyer.

Adrien-Antoine BAYARD, eut en outre :

Marie-Françoise BAYARD, née en 1749, morte à Conteille, ex-religieuse, âgée de 54 ans 1/2, le 5 ventôse n XI.

François-Mathieu-Hubert BAYARD, né le 21 septembre 752, mort tourneur en bois, âgé d'environ 73 ans, à Oresnil, le 1.er mars 1825.

Jacques Bayard, né le 3 juin 1754, mort le 24 mai 1755

Jacques-Victor Bayard, né le 7 octobre 1755.

Marie-Rose Bayard, née le 1.er septembre 1758.

François-Adrien-Alexandre Bayard, né le 27 juille 1760, mort à Conteville le 28 fructidor an XIII.

Le 9 janvier 1776, mourut, âgée de 86 ans, Marie-Madelaine Lelong, veuve de messire Adrien Bayard, aïeu de ceux dont les noms précèdent.

Les témoins, qui signèrent l'acte de décès, furent messire Adrien Bayard, écuyer sieur de la Hêtrelaye, (mor en 1814), Adrien-Joseph Bayard, écuyer, sieur de Beuzeville, ses deux enfants ; Jacques-Alexandre Leturquier, écuyer, sieur de Longchamps, paroisse de Bois-Héroult ; et Jean Audoin, écuyer, sieur de l'Epine, paroisse de Conteville, ses deux gendres.

Marie-Madelaine-Félicité Bayard, morte à Conteville, le 27 juillet 1840, âgée de 58 ans, était aussi de cette même famille. Fille d'Adrien Bayard, elle naquit à Boutavent-Bouvresse (Oise), le 18 septembre 1781.

Elle eut un fils, nommé Louis-Denis Bayard, légitimé sous le nom de Payen, qui naquît à Conteville le 9 novembre 1767, et réside, actuellement, à Beaussault, canton de Forges-les-Eaux.

Soldat d'infanterie de marine à la 5.e compagnie permanente de la division de Cherbourg, comme conscrit de 1827, embarqué à bord de la frégate *la Jeanne d'Arc*, il assista à la prise d'Alger en 1830, passa en 1831, à l'escadre d'observation devant Lisbonne, puis à Ancône, sous le général Cubières.

Etant allé en Grèce, en 1833, Bayard revint à l'escadre

des Dunes, commandée par l'amiral Ducrest de Villeneuve, pendant le siège de la citadelle d'Anvers.

En 1834, il retourna en Grèce, puis rentra en France, en 1836, sur le vaisseau *le Suffren*.

Le plus célèbre des membres de la famille BAYARD, dans l'époque où nous vivons, est celui dont nous allons donner ci-après les états de service, tirés du Journal de la Gendarmerie (n.° 32. février 1842),

Du Terrail-Couvat, Pierre-Antoine, lieutenant de gendarmerie, à la résidence de Villefranche (Rhône), chevalier de la Légion-d'Honneur, né à Meylan (Isère), le 17 janvier 1796, mort le 23 janvier 1842, âgé de 46 ans.

Descendant en ligne directe de Guillaume DU TERRAIL, chevalier de Bernin, et de Suffréa d'Arces, dite *la belle Couvat*, femme aussi remarquable par ses vertus que par les grâces de sa personne, et en souvenir de laquelle la branche qui en est issue a conservé le nom de COUVAT.

L'ancienneté de la famille DU TERRAIL remonte jusqu'au commencement du XIV.ᵉ siècle et elle a fourni des hommes éminents, en tête desquels brille Pierre DU TERRAIL, seigneur de *Bayard*, plus communément désigné dans l'histoire sous le titre de *chevalier Bayard*, ou *chevalier sans peur et sans reproche*.

Pierre-Antoine DU TERRAIL, ayant fait de brillantes études, au lycée impériale de Grenoble, entra, en 1813, dans le 4.ᵉ régiment de gardes d'honneur et partit aussitôt pour la campagne de Saxe.

Le 29 novembre de la même année, à peine âgé de 17 ans, il reçut la croix de la Légion-d'Honneur, pour le courage qu'il avait montré, le 30 octobre précédent à la célèbre bataille de Hanau. Nommé sous-lieutenant, au 4.e hussards, le 19 octobre 1814, DU TERRAIL passa, en 1816, comme instructeur au régiment de hussards, du Haut-Rhin, avec lequel il fit la campagne de 1823, à l'armée de Catalogne.

En 1825, il fut appelé aux hussards de la garde royale, et y servait encore, comme sous-lieutenant, quand l'ordonnance royale, du 11 août 1830, le licencia avec le brevet de lieutenant.

Le 21 mai 1832, il fut placé, en ce grade, au 13.e chasseurs, d'où il passa, le 28 août 1835, au commandement de la lieutenance de gendarmerie de Villefranche.

Plein d'honneur, de loyauté, de zèle, d'intelligence, et d'instruction, le lieutenant DU TERRAIL ne tarda pas à devenir l'un des officiers les plus distingués du corps. Digne héritier du noble sang qui coulait dans ses veines, il ne pouvait manquer de se faire remarquer dès qu'il se présenterait un grand service à rendre, un immense péril à affronter, aussi figura-t-il au 1.er rang, parmi les braves de la 19.e légion, au milieu des désastreuses inondations de 1840. Voici comment M. le Maréchal ministre de la guerre, s'exprimait, à son égard, dans un rapport au roi, en date du 3 janvier 1841.

« Le lieutenant de gendarmerie DU TERRAIL, comman-
» dant la lieutenance de Villefranche, a sauvé *vingt-deux*
» *personnes* réfugiées sur une muraille battue par les eaux.

» Portant partout sa vigilance, il aperçut bientôt *douze*
» *autres individus*, en haut d'un toît, et leur envoya un
» bâteau qui les recueillit. »

Il fut alors compris dans les nominations de la Légion-l'Honneur, de l'ordonnance du 16 février 1841, mais par erreur étant chevalier depuis plus de 28 ans.

Justement apprécié par ses chefs, cet officier avait été présenté à la dernière inspection, comme candidat au grade de capitaine, et il allait, sans doute, recevoir, bientôt, la récompense de ses bons services, quand une funeste maladie est venue l'enlever, à la confiance de ses supérieurs, à l'affection de ses camarades et au dévouement de ses subordonnés.

Pierre-Antoine Du Terrail, laisse une veuve à laquelle il s'est uni, en 1839, et que rien ne saurait consoler d'une perte aussi prématurée, si ce n'est l'honneur de porter le nom d'un nouveau *chevalier sans peur et sans reproche.*.

Nota. — Depuis que la notice sur la famille Bayard est rédigée, nous avons découvert que ce nom est écrit par ses membres : Baillard, tandis que la famille du chevalier de ce nom, se nommait Du Terrail. Ces deux familles n'auraient alors rien de commun entre elles ; malgré cela nous pensons qu'on lira, avec plaisir, la notice sur le lieutenant Du Terrail, bien qu'il ne soit pas parent des Bayard de la Hêtrelaye, en résultance de ce qui vient d'être dit.

Bréquigny, Charles, caporal retraité du 9.e de ligne, 1.er bataillon, 7.e compagnie, garde-champêtre de Conteville, né à Criquiers, le 27 août 1776.

Réquisitionnaire de 1793, parti le 4 septembre, caporal le 6 pluviôse an 6, retraité le 13 juillet 1806, il compte 12 ans, 9 mois, 9 jours de services et les campagnes des ans 2, 3, 4, aux armées du Nord, en Hollande et en Allemagne, 5, en Italie, 6, 7, 8, 9, en Egypte et en Syrie 12 et 13 à l'armée des côtes de l'Océan.

Il assista, entre autres, à la bataille des Pyramides, à la révolte du Caire, et au siége de St.-Jean-d'Acre.

Farin, Pierre, soldat retraité du 1.er de ligne, 2.e bataillon, 5.e compagnie, né à Beauvoir, le 22 février 1775.

Réquisitionnaire de 1793, retraité le 3 fructidor an 9, sous-lieutenant de la garde nationale de Conteville, depuis 1830, il compte les campagnes de 1793, des ans 2, 3, 4, 5, 6, 7, 8 et 9, en Allemagne, en Hollande et en Prusse.

Il assista entre autres aux affaires de Valenciennes, Tournay, Rousselard, Turcoing, Ypres, Graves, Menin et Zurich; et reçut deux blessures: l'une à l'affaire de Bibrac, le 19 floréal an 8, l'autre dans un combat à 15 lieues de Vienne, en Autriche. Il fit, au pont de Zurich, quatre prisonniers autrichiens.

Routier, Pierre-François, soldat à la 1.re compagnie du 3.e escadron du train d'artillerie, né à Aubéguimont, le 22 octobre 1789.

Soldat le 11 mai 1807, congédié, puis réformé le 11 mai 1815, caporal de la garde nationale, pendant 3 ans, comptant les campagnes de 1807 et 1808, à Lisbonne et Coïmbre, en Portugal, sous Junot, 1809, 1810, 1811, 1812, 1813 et 1814, en Espagne, Routier fut blessé au siége de Cadix, de deux coups de sabre au bras droit, et assista, entre autres, aux combats de Talavéra, du pont d'El-Moras, d'Alcantara, Rangoise, Ocâna, et Salamanque.

Matte, Joseph, soldat au 39.e de ligne, 2.e bataillon, 3.e compagnie, né à Beauvais (Oise), le 3 avril 1787.

Soldat en 1806, réformé le 29 octobre 1810, après avoir fait les campagnes de 1806, en Allemagne, 1807, en Silésie, 1808, 1809 et 1810, en Espagne et en Portugal, Matte fut blessé 4 fois.

La plus grave de ses blessures est celle que lui fit un éclat de bombe, qui, ayant divisé le tendon extenseur, du pouce gauche, le prive de s'en servir. Il reçut cette blessure au siège de Ciudad-Rodrigo, où il sauva la vie à M. Maurice, son chef de bataillon et où il fut porté pour la croix, parce qu'il avait, par son courage, empêché le détachement, commandé par cet officier, d'être pris par l'ennemi.

Matte, qui n'a ni croix ni retraite, fut, pendant 3 ans, 1er sergent de la garde nationale de Montmarquet (Somme), et réside à la Hêtrelaye, commune de Conteville.

Gy, PIERRE-ADRIEN, gendarme d'élite de la garde impériale, né à Conteville, le 3 septembre 1787.

Chasseur à cheval au 5.e régiment en 1807, passé en 1810, aux gendarmes chevaux-légers d'Espagne, gendarme d'élite de la garde, en 1813, il compte les campagnes de 1807, 1808, en Prusse, 1809, 1810, en Espagne, 1811, 1812, 1813 et 1814, en Allemagne, en Saxe, et en France.

Blessé d'un coup de feu, au poignet gauche, au combat de Maniéro, près Pampelune, le gendarme Gy fut de 1835 à 1840, conseiller municipal et capitaine de la garde nationale de la commune de Conteville.

Boyenval, JOSEPH, fusilier au 50.e de ligne, 5.e bataillon, 4.e compag., né à Neuville-Coppegueule (Somme), en 1790.

Conscrit de 1811, soldat au 50.e, le 13 novembre 1813,

comptant la campagne de 1814, à la grande armée, il fut congédié et réformé, le 19 septembre de la même année.

Délion, François-Joseph, fusilier au 57.e de ligne, 3.e bataillon, 3.e compagnie, né à Conteville, le 5 février 1787.

Soldat, le 9 février 1807, réformé le 21 mars 1808, il est maire de la commune depuis février 1848.

Hignard, Jacques-François, marin au dépôt du port de St.-Malo, réquisitionnaire de 1793, mort à Conteville, le 2 nivôse an 4, à 27 ans.

Monnier, Jean-Baptiste, fusillier au 3.e bataillon du Morbihan, 4.e compagnie, né à Conteville, mort à Dieppe, le 13 vendémiaire an 5.

Levasseur, Pierre-Jean, soldat au 14.e tirailleurs, né à Conteville, mort âgé de 18 ans, le 15 avril 1814, à Vervins (Aisne).

Leroy, Antoine, soldat retraité, né à Lannoy (Oise), mort à Conteville, le 6 août 1817, âgé de 45 ans.

Dufeuille, François-Amand, caporal de grenadiers au 4.e bataillon du 7.e de ligne, né à Conteville, mort à Barcelone (Espagne), le 31 juillet 1809.

Pepin, Pierre-François, apprenti marin, né à Conteville, mort à Brest, le 6 février 1838, âgé de 22 ans.

Cressent, Pierre-Désiré, chasseur au 14.e léger, né à Conteville, mort, au même lieu, le 30 mai 1846, âgé de 22 ans.

4. CRIQUIERS.

Suivant d'anciens titres, cette commune s'appela : *Criquehers*, *Créquiers*, et enfin **Criquiers**. Son nom lui vient probablement de celui de *Créquier*, donné, à l'épine noire, encore de nos jours, par les enfants, qui appellent son fruit : *crèque*.

Détruite vers 1298, la commune de Criquiers fut rétablie par les moines de l'abbaye de Beaubec. (L'abbaye de Beaubec, ordre de Citeaux, était situé dans la commune de Beaubec-la-Ville, canton de Forges.

Au mois de février 1315, le comte Charles de Valois, confirma, par lettres patentes, datées de Gaillefontaine, la ville de Créquiers, dans ses anciennes coutumes et usages.

Bosc-des-Puits, connu jadis sous les noms de *Bosco-Puteorum* et *Bosco-de-Puteos*, était un manoir qui, ainsi qu'une fort grande étendue de terres labourables, bois, etc., appartenait à l'abbaye de Beaubec. La place vague vulgairement appelée : *les communes de Bosc-les-Puits*, est immense. Elle fut donnée aux habitants, par Godefroi de Beaussault et Gauthier d'Haussez, sous Robert, alors seigneur de Bosc-des-Puits. Vers 1100, Hugues de Gournay et Henri 1.er, roi d'Angleterre, et duc de Normandie, ratifièrent cette donation.

Adancourt possédait, dès le 12.e siècle, une chapelle où les moines de Beaubec, venaient célébrer les saints mystères et administrer les sacrements. Il y avait, en outre, une maison de templiers, dont on voit encore les vestiges sur les propriétés de M.me veuve Vasseur et de M. Henry, Pierre-Jean. Cette maison avait sous sa dépendance, deux autres du même ordre, sises à Bosc-des-Puits et aux Anthieux, autres sections de la commune. Celles-ci étaient sur les propriétés de MM. Varin, Louis, et Crevel conseiller municipal.

Dans les prairies dépendantes de cette section passe la Brêle, qui a sa source à la Gachée, commune de Blargies, (Oise) et se jette dans la Manche, au Tréport.

Ces deux sections existaient avant Criquiers.

Les Anthieux avaient autrefois une chapelle dédiée à saint Lambert, et détruite, il y a quelques années. Près de ce hameau se trouve l'ancienne paroisse de VILLEDIEU, qui avait autrefois une commanderie de Malte et une léproserie.

Pierrement, hameau dépendant par moitié des communes de Criquiers et d'Haucourt, était jadis un prieuré, dit de St.-Denis, et dont la chapelle, située sur Haucourt, existe encore.

Ce prieuré, fondé, en 1175, relevait de l'abbaye de Bival, abbaye de filles, de l'ordre de Cîteaux, située sur la commune de Nesle-Hodeng, canton de Neufchâtel. En revenant de piller et de brûler Gaillefontaine et Haucourt, Charles-le-Téméraire, duc de Bourgogne, brûla le prieuré de Pierrement, en 1472.

La commune de Criquiers compte 960 habitants, deux compagnies de garde nationale, une école communale, dirigée par un laïque, et une école privée, dirigée par une religieuse. C'est le chef-lieu de la 2.e perception des contributions directes du canton.

On voit à la mairie un plan de la commune, dressé par ordre d'un abbé de Beaubec. Il date de 1775; son auteur fut Adrien Brice, arpenteur juré à Brombos (Oise). Le sieur Brice, en 1773, fit le dépouillement de l'arpentage fait, en 1716, par arrêt du Grand Conseil, du 26 novembre 1714, pour rectifier celui qui avait été fait en 1693.

Sur le livre de dépouillement, et sur le plan, on voit les noms anciens des cantons, ou lieux dits, de la commune, ainsi que leur contenance et les redevances que l'on payait aux divers seigneurs, propriétaires de ces cantons. Ces deux objets sont précieux pour les habitants, qui les consultent fort souvent, dans les contestations entre propriétaires, principalement.

Suivant une légende fort accréditée dans le pays, la rue principale de Criquiers, portion de la chaussée Brunehaut, était fort mauvaise, il y a quelques siècles. Le seigneur voulut la faire paver en cailloux; mais il ne se présenta point de travailleurs.

Un jour, vers le soir, un homme inconnu s'offre à lui pour faire ce travail, et promet qu'il sera terminé avant le lever du soleil. Il demande, seulement, pour salaire, que la première créature qui passera sur le chemin, lui soit donnée en toute propriété; ce qui lui est accordé.

Le travail fini, le seigneur fait passer, sur la chaussée, un petit chat, et dit à son ouvrier de le prendre pour prix de son labeur. Celui-ci, furieux, saisit l'animal et disparaît, laissant, sur son passage, une forte odeur de feu et de soufre. C'était le diable.

L'église de Criquiers, reconstruite en 1671, possède un maître-autel, à la romaine, et plusieurs autres petits autels, tous remarquables par leurs tableaux et sculptures, d'un bon travail. Une des croisées de la sacristie représente : saint Jean-Baptiste, en vitraux peints. Sur une croisée du chœur se voit, la Naissance de Jésus-Christ, également en vitraux de couleur. Il est fâcheux, que ce morceau, d'un travail exquis, soit endommagé, et qu'il y manque une partie représentant deux anges tenant une banderolle blanche où se lisaient ces mots : *Gloria in excelsis Deo*. Cette partie, détruite, il y a déjà long-temps, était aussi fort bien exécutée.

Sur une plaque de marbre blanc scellée dans le pavé, à gauche du maître autel, se lit cette épitaphe :

Ci-gît vénérable et discrète personne maître MARTIAL DUFOUR, *prêtre du diocèse de Limoges, docteur en théologie, chanoine de l'église cathédrale de Beauvais, vicaire-général de illustrissime et révérendissime* ETIENNE-RÉNÉ POTIER DE GESVRES, *évêque, comte de Beauvais, ancien official du diocèse dudit Beauvais, prieur de St.-Félix des Pallières, diocèse d'Alais, amateur des pauvree, qu'il a faits ses légataires universels, lequel décéda en cette paroisse, le* 8 *juillet* 1745, *âgé de* 61 *ans.*

Le lutrin, et son aigle doré, tenant dans ses serres un serpent qui lui pique la poitrine, sont aussi dignes d'attention.

Un charmant morceau de sculpture dans le style de la

renaissance se trouve dans le cimetière ; c'est la croix, ou calvaire, placée dans la partie située entre l'église et la grande rue.

Cette croix est en pierres grises ; malheureusement elle a été cassée et raccommodée avec des bandes de fer. Les statues de Jésus et de Marie en décorent les faces, et au pied fut inhumé, l'abbé *Huon*, curé de cette paroisse, mort, après plus de 40 ans passés dans cette commune, le 7 mars 1827, âgé d'environ 75 ans, et regretté de tous ses paroissiens.

BIOGRAPHIES.

Sacquépée, Pierre, sergent retraité du 11.e régiment des tirailleurs 1.er bataillon, chevalier de la légion d'honneur, né à Criquiers, le 12 février 1783.

Soldat au 47.e de ligne, le 14 novembre 1804, caporal le 15 mars 1805, sergent le 1.er avril suivant, grenadier à pied au 2.e régiment de la garde impériale, le 1.er avril 1813, sergent au 11.e tirailleurs le 1.er février 1814, Sacquépée fut fait chevalier de la légion d'honneur le 28 novembre 1813.

Blessé de deux coups de feu, au pied et à la jambe gauches, les 6 avril et 22 juillet 1812, en Espagne, congédié à Dieppe, le 31 août 1814, comptant les campagnes des ans 1806, 1807, 1808, 1809, 1810, 1811, 1812, en Espagne et en Portugal, 1813, en Saxe et 1814, en Belgique, il mourut à Criquiers, le 4 novembre 1843, âgé de 61 ans.

Capitaine adjudant-major du bataillon de Conteville, de 1830 à 1837, chef de ce bataillon de 1837 à 1840, démissionnaire à cette époque, Sacquépée fut, pendant 8 ans, conseiller municipal.

Horcholle, JACQUES, capitaine retraité de 3.ᵉ classe du régiment de Bourbon, (ex 9.ᵉ de ligne), né à Conteville, le 19 août 1769.

Soldat au 9.ᵉ de ligne, le 4 septembre 1793, caporal, le 2 floréal an X, sergent, le 6 nivôse an XI, adjudant-sous-officier, le 6 février 1812, sous-lieutenant, le 2 août suivant; lieutenant le 1.ᵉʳ avril 1813, capitaine de 3.ᵉ classe, le 18 décembre, même année, retraité en juillet 1818, il mourut à Criquiers, le 1.ᵉʳ juillet 1837, âgé de 68 ans.

Le capitaine Horcholle, chef du bataillon de Conteville de 1830 à sa mort, longtemps membre et trésorier de la fabrique de l'église de Criquiers, fut inhumé avec une grande pompe et M. *Vigneron, père,* adjoint au maire de la commune, prononça sur sa tombe un discours d'adieu.

Blessé de trois coups de feu, 1.° le 1.ᵉʳ floréal, an II à Lannoy, 2.° au siége de St.-Jean d'Acre, et au combat du Taro en Italie, le capitaine Horcholle comptait les campagnes des ans 2, 3, 4; au Nord (Hollande et Allemagne, 5 en Italie, 6, 7, 8, 9, en Egypte et en Syrie, 14 et 1806, en Italie, 1809 en Italie et en Allemagne, 1810, en Tyrol, 1813 et 1814, en Italie et en Allemagne.

Blais, FRANÇOIS, sergent au 53.ᵉ de ligne (ex 57.ᵉ), 3.ᵉ bat., 3.ᵉ comp.ⁱᵉ, né à Criquiers, le 26 décembre 1783.

Soldat au 57ᵉ le 26 février 1805, caporal le 1.ᵉʳ juin 1811, sergent, le 16 avril 1813, il fut congédié et réformé le 11 octobre 1814.

Comptant les campagnes des ans XIII, à Boulogne-sur-
:IV (en vendémiaire) 1806, 1807, 1808, 1809, 1810, 1811
n Allemagne, en Prusse et en Pologne, 1812, 1813, en
Russie et les 6 premiers mois de 1814, en Saxe, le sergent
Blais, assista, entre autres, aux batailles d'Austerlitz,
Saalfeld, Iéna, Lubeck, Eylau, au passage de Kœnisberg,
Wagram et Pretznitz, en Pologne, à Smolensk, Mo-
aïsk, et aux retraites de Russie, de Dresde et de Kulm.

Blessé d'un coup de feu à la jambe gauche, à Austerlitz,
'un 2.e à la tête, à Heilsberg, d'un 3.e au genou gauche,
Eylau, d'un 4.e dont la balle lui traversa une épaule, à
Veymar, il eut les pieds et les mains gelées à la retraite
e Russie.

Fait prisonnier par les Autrichiens à Dresde, le 12 dé-
embre 1813, rentré en France, le 3 août 1814, Blais fut
décoré du Lys, par Louis XVIII.

Morin, Pierre-François, caporal de grenadiers à la
.e compagnie du 29.e de ligne, né à Criquiers, le 4 juillet
798.

Conscrit de 1818, caporal, congédié le 31 décembre
824, après avoir fait les campagnes de 1823 et 1824, en
Espagne; ex-sergent-fourrier de la 1.re compagnie de Criquiers, il est actuellement facteur rural du bureau d'Aumale.

Henry, François-Aimé, brigadier au 5.e escadron du
7.e chasseurs à cheval, né à Criquiers, le 11 janvier 1801.

Conscrit de 1821, soldat au 4.e escadron du train d'ar-
illerie, le 30 octobre 1822, brigadier le 1.er juin 1823,
passé au 17.e chasseurs, le 25 juillet 1825, congédié le
31 décembre 1827, il fit la campagne de 1823, en Espagne.

Balavoine, JOSEPH, caporal, au 3.ᵉ régiment des fusiliers de la garde impériale, né à Haucourt, en 1786.

Conscrit de 1806 au 2.ᵉ fusiliers, de la garde, caporal au 3.ᵉ, en 1811, congédié en 1814, il fit les campagnes de 1809, en Autriche, à Wagram et en Espagne, 1810, 1811, 1812 et partie de 1813 également en Espagne, partie de 1813, à Lutzen, Bautzen, Hanau, Leipsick etc. et 1814 en France.

Lieutenant de la garde nationale d'Haudricourt de 1830 à 1834, il fut capitaine de la 2.ᵉ compagnie de Criquiers, de 1834 à 1845.

Buée, NICOLAS, soldat retraité du 9.ᵉ de ligne, né à Criquiers, le 16 mai 1771, mort au même lieu, le 6 avril 1843, âgé de 71 ans.

Réquisitionnaire de de 1793, parti le 4 septembre même année, retraité le 13 juillet 1806, il comptait 12 ans, 9 mois, 9 jours de services et les campagnes des ans 2, 3, 4 au Nord (Hollande et Allemagne), 5, en Italie, 6, 7, 8, 9, en Egypte et en Syrie, 12 et 13 à l'armée des Côtes de l'Océan.

Il assista entre autres à la bataille des Pyramides, à la révolte du Caire et au siège de St.-Jean-d'Acre.

Blais, NICOLAS-FRANÇOIS, 1.ᵉʳ canonnier à pied, au 9.ᵉ d'artillerie, né à Criquiers, le 31 décembre 1794.

Entré par anticipation au 9.ᵉ d'artillerie, comme conscrit de 1814, le 7 mai 1812, il fit les campagnes de 1813, en Saxe, 1814 et 1815, en France.

Le canonnier Blais fut blessé d'un éclat d'obus, à la main gauche, au pont de Leipsick, d'une balle au genou droit,

Brienne, et d'une autre balle à l'épaule gauche, à Fleurus.

A l'affaire de Brienne, (1.er février 1814), Blais, ayant u son chef de bataillon frappé par un boulet, se jeta dans a mêlée, pour tâcher de le sauver, au péril de sa vie, mais e brave était déjà mort.

Porté pour la croix, parce qu'avec son camarade de lit, avait arrêté, dans Nancy, deux espions russes, le caonnier Blais, qui n'est ni décoré, ni retraité fut, de 1830 1837, lieutenant-commandant la garde nationale de annoy-Cuillière (Oise). Conseiller de la fabrique de l'élise de Criquiers, pendant 6 ans, Blais est encore 1.er eutenant de la 1.re compagnie de cette commune.

Buée, PIERRE-ALEXIS, grenadier au 57.e de ligne, .e bataillon, né à Criquiers, le 20 mars 1785.

Soldat le 23 frimaire, an 14, réformé le 28 septembre 809, blessé à Iéna d'un coup de feu qui lui enleva la .e phalange du doigt médius droit, il compte les camagnes des ans 14, 1806, 1807, 1808, en Prusse et en llemagne et du 1.er janvier au 10 mai 1809, à la grande rmée.

Déliez, FRANÇOIS, grenadier à pied de la garde imériale, 1.er bataillon, 2.e compagnie, né à Criquiers, le 5 évrier 1790.

Soldat au 5.e léger, le 16 juillet 1809, passé au 9.e de a même arme, (régiment d'Angoulême), le 1.er octobre 814, grenadier de la garde impériale, le 9 mai 1815, ongédié après la bataille de Waterloo ; il fit les campagnes le 1809, 1810, 1811, 1812, et partie de 1813 en Espagne, 814 et 1815 en France.

Il était aux siéges de Valence, Tarragone, Lérida, etc ainsi qu'à celui de Tortose, où il fut bloqué pendant 1 mois.

Capitaine de la 1.re compagnie de Criquiers pendant ans, conseiller et trésorier actuel de la fabrique de l'égli depuis 1845, il est membre du comité local d'instructio primaire depuis 1843.

Varin, JEAN, dit **Tranche-Montagne**, sapeu né à Criquiers en 1709, mort au même lieu, le 2 févri 1793, âgé de 84 ans.

Ce brave sapeur, dont nous n'avons pu trouver les éta de services, assista notamment à la prise de Berg-op-Zoom par l'armée française, commandée par le maréchal Vol demar, comte de Lowendall, sous Louis XV, le 16 sep tembre 1747.

Depuis 64 jours, la tranchée était ouverte, et la ville ré sistait toujours, lorsque Varin, armé de sa hache, se préci pite contre une des portes, l'enfonce à coups redoublés, e entre dans la place, où l'armée le suit bientôt.

Ne pouvant être fait chevalier de St.-Louis, puisque le officiers et les nobles avaient seul le droit de porter cett décoration, Varin reçut du maréchal, devant toute l'armée, une petite hache d'honneur, en argent, qu'il porta toujours depuis à sa boutonnière.

(NOTA. — M. Lasseur, ancien juge-de-paix du canton, possède une gravure, datant de 1757, et représentant ce fait d'armes. Sur le premier plan, on voit Varin, sa hache à l'épaule, conduit par un officier devant le maréchal, entouré de son état-major. Dans le fond du tableau on voit la ville, dont les murs sont couverts de soldats, assiégeants et assiégés, puis les tranchées ouvertes en avant.

Boulle, Jacques-Joachim, ouvrier de 2.e classe à la 5.e compagnie d'artillerie de marine, né à Criquiers, le 5 janvier 1801.

Conscrit de 1821, soldat au 28.e de ligne, le 28 janvier 1823, ouvrier à la 5.e compagnie, le 6 avril même année, comptant la campagne d'Espagne, en 1823, embarqué pour Madagascar, le 27 février 1826, rentré en France, le 15 novembre 1828, en vertu d'un congé délivré à Toulouse, le 24 décembre 1827, il fut garde-champêtre de Criquiers pendant plusieurs années, et vient d'être réintégré dans cet emploi, par suite du décès du titulaire.

Varin, Jean-Baptiste-Firmin, canonnier à pied de la garde royale, né à Criquiers, le 27 septembre 1802.

Conscrit de 1822, canonnier à pied au 7.e régiment, le 29 mars 1823, artificier le 8 juin 1826, réengagé pour deux ans, le 21 décembre suivant, passé canonnier à pied de la garde royale, le 27 du même mois, il est, depuis 1830, lieutenant de la garde nationale de Criquiers, 1.re compagnie, et, pendant six ans, il fut conseiller et trésorier de la fabrique de l'église.

Gy, Jean-Louis, soldat au 1.er bataillon de la Somme, né à Beaufrêne, le 4 décembre 1774.

Réquisionnaire de 1793, blessé d'un coup de feu au bras droit à Ypres, il fut libéré à Dieppe, le 6.e jour complémentaire, an 7.

Boulle, Pierre-Emery, soldat (le n.o du régiment et de l'armée ignorés), né à Criquiers, le 20 juillet 1773.

Réquisitionnaire de 1793, comptant 14 ans de services,

en Italie et à Naples, congédié en 1807, il mourut à Criquiers, le 13 mai 1830, âgé de 57 ans.

Morin, CASIMIR, chasseur à cheval au 6.e régiment, né à à Criquiers, le 2 octobre 1807.

Conscrit de 1827, au 11.e chasseurs, passé ensuite au 6.e, congédié en 1835, il a été sous-lieutenant de la 1.re compagnie de Criquiers, de 1843 à 1848, et vient d'être élu membre du Conseil municipal.

Couvreur, JEAN-NICOLAS, grenadier au 2.e bataillon des volontaires de Paris (gardes nationaux), né à Paris, en 1774.

Parti comme volontaire à 17 ans, le 21 janvier 1791, à la 4.e compagnie du 10.e bataillon de la 5.e division, grenadier au 2.e bataillon, le 24 juillet suivant, il fut congédié à Liége, le 3 décembre 1792.

Renault, JEAN-BAPTISTE-ETIENNE, fusilier au 7.e de ligne, né à St.-Aubin-en-Rivière (Somme), le 15 mai 1808.

Conscrit de 1828, soldat au 7.e de ligne, le 27 décembre 1830, congédié le 31 décembre 1836, il fit les campagnes de 1831 et 1832, au siége de la citadelle d'Anvers.

Cagnard, ADRIEN, volontaire à la 6.e compagnie du 5.e bataillon de Paris, né à Criquiers, mort à Lille, le 25 prairial, an 1.er

Varin, FRANÇOIS, volontaire à la 6.e compagnie du bataillon de Paris, né à Criquiers, mort à Cambrai, le 9 germinal an 2.

Dion, PIERRE-FRANÇOIS, fusilier au 26.e de ligne, né à Criquiers, mort à Montaigu, le 4 juin 1807.

Thérain, Pierre-François, fusilier à la 1.re légion de la Seine-Inférieure, 4.e compagnie de la 2.e cohorte, né à Criquiers, mort à Boulogne-sur-Mer, le 21 février 1810.

Henry, Pierre, fusilier au 88.e de ligne, 1.er bataillon, 3.e compagnie, né à Criquiers, tué sur le champ de bataille de Villagarna, en Espagne, par un boulet qui lui fracassa la jambe et causa sa mort.

5. ELLECOURT.

La Commune d'Ellecourt qui compte 310 habitants, est ituée sur la rivière *la Méline*, autrefois *Melusinæ Rivus;* ette petite rivière prend sa source aux *Auris*, commune e Marques, et se jette dans la Bresle, dans le canton de langy, entre Hodeng et Guimerville.

L'origine d'Ellecourt est d'une grande antiquité, et dans e vieilles chartes elle est désignée sous les noms d'*Ai-lecourt*, du latin, *Aquilæ Curia*, *Elencort*, *Elencurt*, *ilecourt* et enfin **Ellecourt.** Son église paroissiale, re-evait de l'abbaye d'Auchy, dès 1154.

L'église actuelle, desservie par le curé d'Aubéguimont, st fort propre. Elle a beaucoup souffert à la Révolution; ependant il reste encore quelques débris de son ancienne plendeur, échappés à la main des modernes Vandales; ce ont:

La Transfiguration de Notre-Seigneur-Jésus-Christ, en itraux peints, avec le *Père Eternel porté sur un nuage.* ntre ces deux sujets, on lit: *Hic est filius meus dilectus.*

La Naissance de Jésus-Christ. Les vitraux peints, qui y nanquent sont remplacés par du verre blanc; dans le haut e la croisée, sous un ange, se lisent: *Gloria in.......*; et ans le bas: *Cette verrière a été donnée par la.........* Tout eci se trouve dans la première croisée de droite.

Dans la 2.e croisée, on remarque un *Christ mutilé, soutenu par deux mains*, une *Sainte à genoux*, le *dernier rang des vitraux de cette croisée*, le tout en vitraux peints, ainsi que quelques parties d'une croisée de la gauche.

Les stalles, le lutrin et son aigle, les sablières de la nef représentant des ceps de vignes, ornés de raisin, d'anges, d'animaux fantastiques, sont en chêne, artistement sculptés.

Le lutrin et son aigle, le tout d'un seul morceau, se recommandent surtout à l'admiration des connaisseurs, par son antiquité et ses admirables sculptures.

Un titre de la seigneurie d'Ellecourt, en date du 9 février 1701, et que M. Férandier, ancien huissier à Aumale a bien voulu nous communiquer, porte que Catherine DEMONSURES, épouse de messire Charles DE CACQUERAY, chevalier, seigneur d'Ellecourt, de St.-Quentin, et autres lieux, demeurant à Ellecourt, baille à fief, une maison sise à Ellecourt, à la charge, entre autres : « De donner par chacun » an, un bouquet, le jour de la fête d'Ellecourt, auquel » il mettra un ruban de la valeur de cinq sols ; en outre » un plat de cresson, chaque fête de Noël, qu'il présentera » lui-même, audits jours, audit seigneur.

» Sera et demeurera bannier du moulin dudit seigneur, » dont son bled ou grain lui sera moulu au 16.e boisseau, » et sera tenu aussi d'aller faire pressurer ses fruits au » pressoir dudit seigneur, etc. »

BIOGRAPHIES.

Dumont, ANTOINE-MARIE, lieutenant retraité du 20.e de ligne, né à Marques, le 11 janvier 1781, capiaine de la garde nationale du même lieu, de 1830 à 1836.

Soldat à la 91.e demi-brigade de ligne, le 26 pluviôse, an XI, passé au 20.e de ligne, le 1.er ventôse, an XII, caporal le 6 germinal an XIII, fourrier le 1.er prairial même année, sergent-major le 21 mai 1807, sous-lieutenant le 30 juillet 1813, il fut nommé lieutenant le 4 décembre suivant.

Le lieutenant Dumont compte les campagnes des ans 14, à l'armée d'Italie, 1806, 1807, 1808, 1809, 1810 aux armées d'Italie et de Naples, 1811, 1812, 1813, à l'armée d'Espagne, 1814 à l'armée de Lyon.

Blessé d'un coup de feu et fait prisonnier de guerre par les Autrichiens, à la bataille de Caldiéro, (Italie), rentré au corps, le 17 janvier 1806, et fut décoré du lys par la duchesse d'Angoulême, le 23 juillet 1814.

Dumont, Louis-Antoine-Marie, fils du précédent, né à Ste.-Marguerite-lès-Aumale, le 16 janvier 1822.

Conscrit de 1842, soldat au 11.e de ligne en 1844, il est actuellement sergent dans une compagnie de ce corps.

Sévin, Charles-Joseph, brigadier à cheval au 3.e d'artillerie, né au Vieux-Rouen, en 1787.

Soldat le 22 septembre 1806, prisonnier de guerre en Russie, le 12 novembre 1812, rentré en France le 14 février 1815, artificier le 16 du même mois, brigadier le 24 octobre suivant, il fit les campagnes de 1806, 1807, 1808, 1809, 1810, 1811, 1812, en Allemagne et en Russie, et 1815 à Waterloo.

Le brigadier Sévin, congédié après cette affaire, maire d'Ellecourt, de 1836 à 1848, fut blessé : 1.° d'un coup de feu à la jambe droite, le 5 juillet 1809, à Wagram; 2.° d'un coup de sabre et de 3 coups de lance, à la main gauche, le 12 novembre 1812, en Russie, et d'un coup de sabre sur la tête, à Waterloo.

Mauger, PIERRE-ANTOINE, grenadier à la 61.e demi-brigade de ligne, né à Caulières (Somme), le 1.er septembre 1775.

Réquisitionnaire de 1793, à la 24.e, passé à la 61.e, devant Mayence, congédié en 1801, il fit les campagnes de 1793, 1794, 1795, 1796, 1797, 1798, 1799 et 1800, en Hollande, en Allemagne, en Brabant, et en Italie.

Richard, JEAN-LOUIS, voltigeur au 2.e bataillon du 36.e de ligne, né à Paris, (Seine), le 6 avril 1802.

Soldat en 1822, congédié le 31 décembre 1829, il fit les campagnes de 1822, 1823 et 1824, en Espagne.

Courtin, PIERRE-PRUDENCE, grenadier au 2.e de ligne, né à Aumale, le 18 octobre 1811.

Conscrit de 1831, soldat au 2.e de ligne, le 17 octobre 1832, grenadier le 28 juillet 1837, il fut congédié le 31 décembre 1838.

Dubois, SIMON-THÉOPHILE, soldat aux équipages de ligne de la marine, né à Incheville, canton d'Eu, le 20 avril 1813.

Soldat en 1833, il fut congédié le 31 décembre 1842.

Boillet, CHARLES-FÉLIX, fusilier au 50.e de ligne, né à Marques, le 5 novembre 1810.

Soldat, le 3 mai 1831, il fut congédié le 31 décembre 1837.

6. HAUDRICOURT.

Cette commnne, qui compte 791 habitants, est située sur rive gauche de la Brêle ; elle s'appela jadis *Haldricurt ;* ı église, paroissiale dès 1154, relevait de l'abbaye Auchy.

L'église actuelle, dont le clocher qui est le plus élevé du ıton, a été reconstruit en 1828, offre de remarquable : sculptures des fonts baptismaux, du maître-autel, du rin etc., puis trois tableaux, surmontant les autels et résentant: *St.-Nicolas,* la *Résurrection* et l'*Annonciation.*

L'ancienne commune de VILLERS, réunie à Haudricourt, d'une grande antiquité ; il y a quelques années, on a couvert sur le côteau dit *Camp Varnier*, plusieurs cer- eils gallo-romains, les uns en pierre, les autres en tre.

Son église, dédiée à la Vierge, et dont on ignore la te de la fondation, fut donnée aux chanoines de l'abbaye Auchy, sous Louis VI, dit le Gros, 40.e roi de France, rs 1119, avant que les Bénédictins ne fussent vénus les nplacer et la possession en fut confirmée à ce monastère, ıs Louis VII, dit le Jeune, en 1141, par l'archevêque Rouen, Hugues d'Amiens.

Les sculptures des fonts baptismaux, d'un confessional du lutrin sont remarquables, ainsi que celles des sablières, représentant des ceps de vigne avec des raisins e des têtes d'hommes hideuses, placées de distance en dis tance. Mais ce qui se recommande le plus à l'attention de amateurs, ce sont les magnifiques vitraux peints qui dé corent plusieurs croisées de cette église.

La croisée, placée à gauche du maître-autel, se com pose de 1.° l'*Adoration des Bergers;* on lit au-dessus *Gloria in excelsis Deo*, sur une banderolle blanche tenu par un ange; 2.° de l'*Assomption;* la Vierge sortant d tombeau est entourée de banderolles blanches, que de anges, sonnant de la trompette, tiennent au haut de l croisée, et sur lesquelles on lit: *Sicut lilium, Hortus con clusus, Electa ut sol, Pulchra ut luna, pax omnium etc.* 3.° *un Prêtre en surplis*, à genoux devant un livre ouvert dans un banc, dont la façade détériorée, porte une inscrip tion gothique ainsi conçue: *En l'an mil d.re Eli, nobl hõe. Philippes Féret, p̃tre, curé de céans, a fait faire l cœur de cette église. Dõné cette prière, priés Dieu pour lu*

Cette inscription passe sur un écusson, portant *cham d'argent et 3 bandes de gueules.*

(Nota.) Dans cette église, furent inhumés un seigneur de Fon taines et son épouse. Sur leur pierre tumulaire, enlevée à la révolu tion et actuellement placée dans un jardin, à Aumale, on les vo tous deux couchés et autour se lit cette inscription, fort altérée:

Ci-gist noble homme, Messire Clément de..... Seigneur d Fontaines, maîstre d'hostel du roy, Louis Huict et de l reyne Blanche, qui trespassa,, l'an de grâce mil......

Ci gist noble dame, M.me Béatrix de Pons, dame de Fo taines, femme dudict chevalier, qui trespassa, l'an de grâ mil......

La croisée placée à droite du maître autel représente : › l'*Annonciation* ;. sur la tête de Marie se voit le *St.-Esit*, puis entre elle et l'ange *Gabriel*, on lit, sur une nderolle blanche : *Ave, gratia plena, Dominum tecum.* 2.° .-*Michel, terrassant le dragon*, puis dans les deux panaux du bas : 3.° et 4.° *un abbé et ses religieux*, ainsi .'un *roi de France en grand costume.* 5.° *Le Père éternel un ange sonnant de la trompette* occupent la partie surieure.

On pense que le roi et l'abbé dont on vient de parler nt *Louis-le-Gros, et l'abbé d'Auchy* et que cette croisée pu être ainsi faite, pour perpétuer le souvenir de la do-.tion faite en 1119, par ce monarque, de l'église de Vilrs, à l'abbaye d'Auchy. D'autres personnes pensent qu'ils ppellent la visite faite à cette église par Philippe VI, dit : Valois.

Dans la chapelle de la vierge, le haut de la croisée est vitraux peints, et représente le *Jugement dernier.*

Réunie à celle d'Haudricourt, depuis 1825, l'église de illers eut pour dernier curé M. *Yvart* d'Aumale.

Roupied, section de la commune d'Haudricourt, ossède une chapelle, bâtie en 1606, par *Messire Claude-ndré de Normanville*, seigneur de ce lieu. Elle n'offre en de remarquable, sous le rapport de la construction, . renferme les tombeaux de son fondateur et de *dame..... e Crény*, son épouse. Les pierres tumulaires sont tellement morcelées, qu'on ne peut lire aucune des inscriptions u'elles portent.

Actuellement desservie par le curé d'Haudricourt, cette

chapelle eut, jusqu'à la révolution de 1789, un chapel[illegible] qui était logé dans le hameau.

Au Moulin de Pierre, sur la route de Rouen Amiens se trouve aussi une petite chapelle dédiée à *Not[illegible] Dame de Bon-Secours.*

Sur cette même route est située la ferme de *la Bretagn[illegible]* dont nous avons parlé à l'article d'Aumale.

Fontaines, ancienne propriété de la famille *De Ca[illegible] mont*, dont un membre était encore, sous Charles x, *ch[illegible] valier du St.-Esprit*, est à présent en la possession de [illegible] Mariage, de Paris.

Les anciens seigneurs de ce manoir, avant la révol[illegible] tion, obligeaient, par leur bail, le fermier occupant [illegible] ferme attenante au château, à venir, tous les ans, le [illegible] juin, jour de la fête patronale, les trouver, à leur li[illegible] tout au matin avec une couronne de roses blanches et [illegible] démêloir neuf. Le fermier, posait cette couronne sur la tê[illegible] de Monseigneur, après l'avoir préalablement bien dém[illegible] lée et peignée ; puis l'année suivante, il recommençait.

BIOGRAPHIES.

Dubos, Pierre, capitaine retraité du 22.e de lign[illegible] chevalier de la légion d'honneur, né à Lucy, près Neu[illegible] châtel, le 4 juillet 1775.

Réquisitionnaire de 1793 à 18 ans, soldat au 22.e, le [illegible] floréal an II. Caporal, le 7 nivôse an VII, fourrier, le 1[illegible] thermidor an VIII, sergent-major, le 20 messidor suivant sous-lieutenant, le 10 octobre 1808, lieutenant, le 2 mars 1811, il fut nommé capitaine, le 28 février 1813.

Chevalier de la légion d'honneur, depuis le 1.er octobre 1807, le capitaine Dubos, compte 20 ans, un mois, dix jours de services et 16 ans, onze mois, dix-huit jours de campagnes, aux armées du Nord, d'Italie, des côtes de l'Océan, à la grande Armée, en Espagne et au blocus de Maestricht, ce qui lui donne un total de 37 ans et vingt-huit jours de services, campagnes comprises. Il fut blessé le 2 mai 1813, d'un coup de feu, à la bataille de Lutzen.

Lassé, ANTOINE-FRANÇOIS, capitaine retraité du 1.er de ligne, chevalier de la légion d'honneur, né à Haudricourt, en 1773.

Réquisitionnaire de 1793, retraité en 1806, comptant 13 ans de services, il mourut, percepteur des contributions directes à Sigy, canton d'Argueil, en 1814, âgé de 41 ans.

Maille, PIERRE-ALEXANDRE, maréchal-des-logis-chef, au 31.e chasseurs à cheval, né à Villers, en 1789.

Soldat au 24.e chasseurs, le 27 février 1809, passé au 31.e le 1.er septembre 1181, brigadier le 15 septembre 1812, maréchal-des-logis, le 12 avril 1814, maréchal-des-logis-chef, le 12 juillet suivant; renvoyé en congé illimité, le 21 octobre 1814, sergent-major de la garde nationale d'Haudricourt, Maille, fit les campagnes de 1809 en Autriche, 1810, 1811, 1812, 1813 en Espagne, 1814 en Italie, sous Eugène Beauharnais, et rentra en France, le 11 avril 1814.

Il fut blessé 1.° d'un coup de feu dans les reins, au combat de Salamanque; 2.° et 3.° de deux coups de sabre, sur

12.

le bras gauche, à Burgos; 4.° d'un autre coup de sabre, sur la tête, à l'affaire du Mincio, le 8 mars 1814.

Pepin, PIERRE-LÉONARD, sergent de grenadiers à la compagnie du 1.er bataillon du 53.e (ex-57.e) de ligne, né à Haudricourt, le 8 mai 1783.

Soldat en 1803, sergent en 1813, décoré du lis en 1814, congédié le 20 novembre 1815, il fit les campagnes de 1803, 1804, 1805, 1806, 1807, 1808, 1809, 1810, 1811, 1812, 1813, 1814 et 1815, au camp de Boulogne, en Autriche, en Prusse, en Pologne, en Saxe, en Russie et en France.

Blessé d'un coup de feu, au bras droit, en Prusse, il eut, à Dresde, une jambe traversée par une balle.

Monneveu, FRANÇOIS, sergent au 20.e de ligne, sergent de la garde nationale d'Haudricourt, pendant plusieurs années, né à Sommery, le 28 octobre 1779.

Conscrit de l'an X au 20.e de ligne, sergent et congédié en 1813. Blessé d'un coup de feu, à la jambe droite, sous les murs de Gênes, il fit sans exception toutes les campagnes, depuis son entrée au corps jusqu'à sa sortie.

Lambert, JOSEPH, caporal au 39.e de ligne, né à Haudricourt, le 11 novembre 1796.

Conscrit de 1816, congédié, comme caporal, en 1822. Il fut de 1830 à 1848, d'abord lieutenant de la garde nationale d'Haudricourt; puis capitaine-adjudant-major du bataillon de Conteville.

Calon, ADRIEN-GERMAIN, caporal au 39.e de ligne, né à Dijon, commune de Morvillers (Somme), en 1787.

Conscrit de 1806, au 39.e, caporal à Kœnisberg, en Prusse, en 1809, congédié en 1816, il compte 10 ans de services, 2 blessures, et les campagnes de Prusse, d'Autriche, d'Espagne, de Portugal et de France.

Touzard, ALEXANDRE, sapeur retraité du 76.e de ligne, né à la Couture, commune d'Haudricourt, le 8 juillet 1769.

Réquisitionnaire de 1793, sapeur au 76.e, il fit les campagnes de 1793, 1794, 1795, 1796, 1797, 1798, 1799, 1800, 1801, 1802, 1803, 1804, 1805, 1806, 1807, 1808, 1809, 1810, 1811 et 1812.

Retraité en 1812, après la campagne d'Espagne, Touzard fut blessé d'un coup de feu, au genou gauche sur les bords du Rhin, et prisonnier de guerre pendant six mois.

Le capitaine de la compagnie dans laquelle il comptait, ayant été pris par les Espagnols, à Ciudad-Rodrigo, en Espagne, allait être fusillé par eux, lorsque Touzard se dévoua pour lui sauver la vie, et eut le bonheur d'y réussir.

Bourgois, PIERRE, soldat retraité du 72.e de ligne, né à Ste.-Marguerite-les-Aumale, en 1790.

Soldat en 1808, retraité en 1810, blessé de deux coups de feu, à Eylau et à Wagram, il fit, en 1809, les guerres de Bavière et d'Autriche, sous le maréchal Lannes.

Accattebled, ANTOINE-ALEXIS, fusilier retraité de la 17.e demi-brigade de ligne, né à Villers, en 1771, mort au moulin de Pierre, commune d'Haudricourt, le 7 avril 1846, âgé de 75 ans et 10 mois.

Réquisitionnaire de 1793, à 18 ans, retraité le 29 floréal

an xi, il comptait les campagnes des ans 1793, 2, 3, 4, 5 6, 7, 8, 9, 10 et 11, et un coup de feu au genou gauche On retira de sa blessure 7 esquilles, qui, le rendant incapable de servir plus long-temps, lui fit obtenir sa retraite.

Guichard, ANTOINE-FRANÇOIS, grenadier au 1.er de ligne, né à Haudricourt, en 1774.

Réquisitionnaire de 1793, congédié en 1799, il fit les campagnes de 1793, 1794, 1795, 1796, 1797, 1798 et 1799, en Hollande, en Belgique, en Allemagne et en Suisse.

Mouret, FRANÇOIS, canonnier à cheval au 4.e d'art.ie, né à Dijon, commune de Morvillers (Somme), en 1796.

Soldat en 1813, au 4.e d'artillerie, il fit la campagne de 1814 en France et fut congédié, lors du départ de l'empereur, pour l'île d'Elbe.

Bidot, LOUIS-HÉGÉSIPPE, 2.e canonnier servant au 4.e d'artillerie à cheval, né à Ste.-Marguerite-les-Aumale, le 7 avril 1820.

Soldat en 1840, incorporé au 4.e d'artillerie, le 7 juillet 1841, il fut congédié le 31 décembre 1847, et est actuellement lieutenant de la garde nationale d'Haudricourt.

Vaillant, PIERRE-ACHILLE, soldat au train des équipages, né à Haudricourt, en 1819.

Soldat en 1840, incorporé en 1841, il fit les campagnes de 1841, 1842, 1843, 1844, 1845, 1846 et 1847 en Afrique et fut libéré le 31 décembre de cette dernière année.

Letellier, PIERRE-JEAN, soldat au 15.e léger, 2.e bataillon, 2.e compagnie des voltigeurs, né à Aubéguimont, le 17 octobre 1791.

Soldat, au 15.e léger, le 23 août 1811, congédié en décembre 1815, il fit les campagnes de 1811, 1812, 1813, 1814 et 1815, notamment aux batailles ou siéges de Bautzen, Lutzen, Hambourg, Lubeck, Krappelines, Weimar, Rostock, Wurtemberg et Lauembourg.

7. ILLOIS.

Au 12.e siècle, cette commune était désignée sous le nom *d'Hyllais*, puis plus tard elle aura pris celui d'*Illais*, et enfin se sera appelé **Illois**. Son église, reconstruite, par les Anglais en 1680, relevait de l'abbaye d'Auchy, dès 1154. Elle n'a rien de bien remarquable; le portail et le clocher ont été reconstruits, il y a quelques années.

Au pied du maître-autel se voit une pierre tumulaire dont les inscriptions sont effacées. Sur un pavé placé à sa gauche, on lit, le mot *Cirou*, en lettres gothiques, blanches ainsi que les fleurs de lis et les rosaces qui l'entourent.

Illois possède deux écoles; une de garçons, dirigée par un laïque et une de filles, dirigée par deux religieuses.

Le château appartient à M. *de Sarcus*, *Auguste*, qui l'habite; il n'a rien de remarquable.

Voici ce que l'on trouve, relativement à cette famille, dans *la Noblesse de France aux Croisades*, par P. Roger, sous-préfet de Ploërmel, en 1842.

Sarcus, très-ancienne maison de Picardie, habituée dès le onzième siècle, en Amiénois et en Beauvoisis.

Elle prit part aux guerres saintes, eut de grandes charges à la cour, s'illustra dans les guerres et fut pourvu d'importantes dignités dans l'église. Nous citerons, parmi les seigneurs de cette maison :

Jean de Sarcus, chevalier de la 6.e croisade ; **Hugues de Sarcus**, grand-prieur de France ; **Jean de Sarcus**, pannetier du duc de Bourgogne. Il était avec le comte de Nevers, à la croisade de Hongrie. **Renaud de Sarcus**, écuyer-pannetier et chambellan de Philippe-le-Hardi, duc de Bourgogne. Les comptes de Pierre de Montbertaut, déposés aux archives de la Côte-d'Or disent que *Renaud de Sarcus*, reçut en Prusse, l'ordre de chevalerie.

François de Sarcus, conseiller et chambellan des rois Louis XII et Charles VIII. Il se distingua dans les guerres d'Italie.

Jean de Sarcus, chambellan et maître-d'hôtel de François 1.er, capitaine-général de la légion de Picardie, s'illustra dans la défense de Péronne, l'un des évènements les plus grands du règne de François 1.er

Jean de Sarcus, et le comte de Saisseval se jetèrent dans la place, avec deux mille légionnaires de Picardie et forcèrent les Impériaux à s'éloigner.

Nous citerons encore parmi les seigneurs de cette maison:

François de Sarcus, évêque du Puy, aumônier de Henri II.

Robert de Sarcus, commandant de mille hommes de pied, dans la légion de Picardie, mort, vers 1573.

Jean-Baptiste, comte de **Sarcus**, gouverneur des pages de la petite écurie du roi, mort en 1778.

NOTA. MM. DE SARCUS, père, mort à Illois, DE SARCUS-MONCOMBLE, (voir aux militaires d'Aumale), DE SARCUS Auguste d'Illois, DE SARCUS Alphonse, d'Aumale, sont de cette famille.

La maison de Sarcus compte encore des représentants en Picardie t en Bourgogne. Elle s'est alliée aux Blotefière, Boulainvilliers, :arvoisin d'Acy, Chabannes-la-Palice, Dufour-de-Maulévrier, Laotte-Baracé, Pellevé, Pisseleu, Saveuse, Villiers-de-l'Isle-Adam.

Chef de nom et d'armes : M. Amédée, comte De Sarcus.

Les armes de la maison de Sarcus, sont : *de gueules, au sautoir 'argent cantonnées de 4 merlettes de même.*

Coupigny, ancienne commune réunie à Illois, posède une église construite par les Anglais en 1680; le hœur est en briques, le reste en bois et torchis. Les culptures des sablières de la nef représentent des ceps de igne. Elles sont d'un bon travail, ainsi que les baldauins, surmontant les deux autels, et celles du confesionnal. L'opinion générale est que tous ces objets d'art ont l'œuvre d'un homme du pays.

Le château appartient à M. Larcher, d'Aumale.

On remarque dans le cimetière de Coupigny les débris 'une fort belle croix en pierre, sculptée dans le style de renaissance, et présentant en relief les statues de Jésus de Marie. La partie restante a environ 1 m. 50 de haut; 'est le haut de la croix.

Ménil-David, autre ancienne commune réunie à lois, possède aussi une église dédiée à saint Germain-Ecossais, évêque et martyr (voyez à l'article du Vieux-ouen), et qui, dès 1154, relevait de l'abbaye d'Auchy.

Son église actuelle est fort bien bâtie est fort propre. n y remarque les sculptures dorées du maître-autel, ainsi ue la gloire qui les surmonte, les lambris, les stalles, le ıtrin et le confessionnal, qui sont aussi fort bien sculptés.

Dans le cimetière se voit une chapelle funéraire, appartenant à M. Boulenger, notaire honoraire, propriétaire du château situé en face. Elle contient la sépulture de sa famille, et l'on y voit une rosace, en vitraux peints, représentant *la Vierge*, et ornant le dessus de la porte d'entrée. L'autel est en marbre blanc, et le dernier rang des vitraux de chacune des croisées est en verres bleus et jaunes.

La commune d'Illois compte une population totale de 500 habitants.

BIOGRAPHIES.

Choquet, Jean-Baptiste, grenadier à la 88.e demi-bridage de ligne, né à Illois en 1772.

Réquisitionnaire de 1793, au 2.e bataillon des Deux-Sèvres, soldat à la 88.e en 1795, congédié en 1803, il fit les campagnes d'Italie, d'Egypte et de Syrie, et fut blessé deux fois.

Grenon, Pierre, fusilier à la 61.e demi-brigade de ligne, 3.e bataillon, 2.e compagnie, né à Illois en 1772, mort au même lieu en 1848.

Soldat en 1792, congédié le 6 ventose an x, il fit les campagnes des ans 1792, 1793, 2, 3, 4, 5 en Italie, 6, 7, 8, 9 en Egypte et en Syrie.

Bonnard, Jacques, grenadier à la 88.e de ligne, né à Illois en 1772.

Réquisitionnaire de 1793, au 2.e bataillon des Deux-Sèvres, soldat à la 88.e en 1795, congédié en 1804, il ompte onze ans de service, six blessures et les campagnes 'Italie, de Prusse et d'Allemagne.

Courtin, François, caporal à la légion de la Seine-nférieure, né à Illois le 6 janvier 1794, sergent-major de ı garde nationale d'Illois depuis 1830.

Soldat au 51.e de ligne en 1813, passé caporal à la lé-;ion de la Seine-Inférieure en 1815, congédié en 1816, il ompte la campagne de Hollande.

Quesnel, Joseph, caporal au 28.e de ligne, né à llois en 1801.

Soldat en 1821, caporal en 1823, congédié en 1827, il ıt les campagnes de 1822 et 1823 en Espagne.

Sabé, Pierre-Ambroise, grenadier à pied au 1.er régi-nent de la garde impériale, 1.er bataillon, 2.e compagnie, né à Coupigny, mort au même lieu le 24 décembre 1847, ìgé de 70 ans.

Conscrit de l'an vii, réformé le 7 août 1815, et non re-raité, il comptait les campagnes des ans 7, 8, 9, 10, 11, 12, 13, 14, 1806, 1807, 1808, 1809, 1810, 1811, 1812, 1813, 1814 et 1815.

Morel, Jean, né à Saussenssemare en 1775, conscrit le l'an iii, à la 101.e de ligne, il fut réformé en l'an iv, ıprès la campagne de Belgique.

Dehodant, Jean-Baptiste, fusilier au 9.e de ligne, né à Illois, le 16 avril 1802.

Conscrit de 1822, congédié en 1828, il fit la campagne de 1823 en Espagne.

Pepin, Pierre-François-Nicolas, voltigeur au 50.e de ligne, né à Haudricourt le 29 germinal an v.

Soldat à la 2.e légion de la Seine-Inférieure (devenu plus tard le 50.e de ligne), le 9 novembre 1819, il fut congédié à Briançon (Hautes-Alpes), le 26 décembre 1823.

8. MARQUES.

La commune de **Marques**, chef-lieu d'une perception des contributions directes, tire son nom du mot celtique : *March*, qui veut dire : *limite*, *frontière*. Sa population est de 470 habitants.

Son église était déjà paroissiale en 1250. On y remarque les charmantes sculptures des deux confessionnaux, des sablières de la nef, ornées d'inscriptions et de statuettes, du lutrin, et de la chaire, la plus belle du canton.

La façade de cette chaire offre, en relief, la statue de *St.-Marc*, évangéliste, appuyé sur son lion, et, sur le baldaquin, se trouve *un ange sonnnant de la trompette*. Le maître-autel est orné d'un bon tableau de la *Sainte-Famille*; les stalles et les lambris du chœur, par leurs sculptures, et les autels, par leurs boiseries, sont dignes d'attention.

En résumé, cette église est une des plus belles du canton.

Les tableaux du Chemin de la Croix qui ornent les murs de l'église, l'école primaire communale et le presbytère ont été donnés à cette commune, par M.me veuve d'Auvillers (Martin). Son premier mari, M. Leuillier, Jean-François, mort à Marques, le 26 juillet 1834, âgé de 58 ans, fut longtemps maire et bienfaiteur de ce lieu.

L'ancienne commune de **Barques**, actuellement réunie à Marques, possède une jolie petite église, ou plutôt chapelle, remarquable par les sculptures du tabernacle et de l'autel.

Avec l'agrément des autorités de la commune, M. Paul Pollet, né en cette section, et aujourd'hui maire

13.

d'Haudricourt et conseiller de l'arrondissement, a fait abattre le chœur de l'ancienne église, et, de ses deniers, il a transformé la partie restante en une chapelle, qui doit être bénite incessamment.

ÉGLISE DE BARQUES. Le tabernacle tourne sur un pivot, et forme, selon le besoin, une châsse pour exposer le Saint-Sacrement, ou un lieu de dépôt pour le Saint-Ciboire. Il est orné de statuettes dorées, de têtes d'anges et surmonté d'une croix en chêne et sculptée.

Ce charmant morceau est d'une grande antiquité.

BIOGRAPHIES.

Des Marquets, ANNE, religieuse, née à Marques, morte à Poissy, en 1588. Elle composa plusieurs ouvrages (poésies), et en traduisit divers autres.

Huisse, LOUIS-VICTOR, sous-lieutenant retraité, du 57.e de ligne (redevenu le 53.e), 2.e bataillon, 3.e comp.e, né à Ménières près Neufchâtel, le 27 septembre 1783.

Soldat au 57.e le 2 floréal an XIII, caporal le 21 mai 1807, sergent le 1.er octobre 1808, il compte 10 ans 4 mois 28 jours de services, et les campagnes des ans XIII, XIV, 1806, 1807, 1808, 1809, 1810, 1811, 1812 et 1813.

A Mojaïsk et au passage de la Bérésina il reçut trois blessures; prisonnier à cette dernière affaire, rentré en France après deux ans de captivité en Russie, et retraité, il fut décoré du lis, en 1815, par Louis XVIII.

Le sous-lieutenant Huisse a été, de 1830 à 1834, capitaine, puis chef de bataillon de Richemont.

Boulanger, AUGUSTE, sergent à la 3.e compagnie

u 1.er bataillon du 54.e (devenu le 50.e), né à Marques, e 24 juin 1778.

Soldat le 11 pluviôse an VII, caporal le 11 thermidor n X, sergent le 5 novembre 1806, il compte trente-cinq ns neuf mois dix-neuf jours de services, savoir : quinze ns cinq mois deux jours de services actifs, et vingt ans uatre mois sept jours de campagnes de guerre, en Alleagne, en Pologne et en Espagne.

Le sergent Boulanger reçut, le 28 janvier 1807, trois oups de lance, un à la tête et deux dans les reins au comat d'Ostrode (Pologne Prussienne), et, de 1830 à 1834, l fut sergent-major de la garde nationale d'Aubéguimont ù il résidait alors.

Blondel, Pierre-Louis, maréchal-des-logis à cheval u 8.e d'artillerie, né à Barques, le 2 février 1800.

Canonnier, le 9 octobre 1822, brigadier, le 20 noembre suivant, élève de Saumur pendant deux ans, fourier à Vittoria (Espagne) le 7 août 1823, maréchal-des-logis à Bilbao en Biscay, la même année, congédié en 1827, omptant les campagnes de 1823 et 1824 en Espagne ; il ut, de 1837 à 1843, capitaine de la garde nationale de annoy-Cuillière (Oise).

Petit, Jean-Baptiste, maréchal-des-logis de gendarnerie en retraite, né en 1778, mort à Marques, le 7 novembre 1842, âgé de 64 ans et 9 mois.

Dubost, Jean-Louis, brigadier aux grenadiers à cheval de la garde impériale, né à Barques en 1772.

Conscrit de 1802, il fit les campagnes de 1802, 1803, 1804, 1805, 1806, 1807, 1808, 1809, 1810, 1811 et

1812. Depuis ce temps sa famille n'a pu découvrir ce qu'il était devenu, et l'on pense qu'il périt dans la fatale retraite de Moscou.

Petit, François, soldat retraité du 57.ᵉ de ligne, 1.ᵉʳ bataillon, 1.ʳᵉ compagnie, né à Marques, en 1778.

Conscrit de l'an XI, blessé a Nomitten, en Prusse, il mourut à Marques, en 1848, âgé de 60 ans environ, et comptait les campagnes des ans XI, XII, XIII, XIV et 1806.

Morin, Claude, sapeur à la 29.ᵉ demi-brigade de ligne (ci-devant rég.ᵗ de Béarn), né à Ellecourt, le 16 avril 1769.

Volontaire en 1793 au 9.ᵉ bataillon de la Seine-Inférieure, passé, en 1796, au 29.ᵉ de ligne, congédié en 1798, il fit les campagnes de 1793, 1794, 1795, 1796, 1797 et 1798, en Hollande, en Allemagne et en Brabant.

Langlois, Pierre, lancier au 5.ᵉ régiment, né à Criquiers, le 4 avril 1792.

Soldat au 22.ᵉ dragons, le 5 mars 1812, il assista, entre autres, aux batailles de Lutzen, de Dresde, de Leipsick et de Hanau en 1813, de Montmirail et de Montereau, en 1814.

Lancier au 5.ᵉ régiment, à la suite de cette affaire, Langlois assista encore aux affaires de Fleurus et de Waterloo; prisonnier à cette dernière bataille, il fut libéré le 2 juillet 1815.

Duvauchel, François-Marc, fusilier au 4.ᵉ de ligne, 4.ᵉ bataillon, 4.ᵉ comp.ᵉ, né à Marques, le 15 juin 1805.

Soldat de 1826, entré au 4.ᵉ de ligne, le 19 novembre 1827, il fit les campagnes de 1831, 1832, 1833 et partie de 1834 en Afrique, et fut congédié le 31 décembre 1834.

9. NULLEMONT.

D'abord désigné sous les noms de *Millemont, Nuilemont, 'uisemont,* puis enfin sous celui de **Nullemont.** Cette ommune, qui compte 250 habitants, avait, en 1154, une glise paroissiale, relevant de l'abbaye d'Auchy, et réu-ie maintenant à celle de Marques.

L'église de Nullemont, dont le clocher fut entièrement écouvert par la foudre en 1832, est fort propre. On y emarque les fonts baptismaux, belle et grande cuve de ierre, soutenue sur un socle, par quatre faisceaux de olonnettes fort élégantes.

Les tableaux des autels représentent : *le Christ expirant, aint Eloi,* et *la Vierge* et les belles sculptures des sa-lières, avec leurs superbes ceps de vigne ornés de rai-ins, se recommandent aussi à l'attention des amateurs, ar la délicatesse de leur travail. De place en place on y it ces inscriptions : 1.° Au-dessus de la chaire : *Maître Vicolle Lemoine,* curé ; 2.° près de la porte : *Maître Nicolle Joville de O.........* et plusieurs lettres illisibles ; 3.° sur e deuxième sommier transversal : *Renault. Ce fut fait 'an de grâce Mil* $\overset{\text{II}}{\text{V}}$ *et Irte,* et plusieurs mots illisibles ; 4.° dans le berceau et sur le côté droit : *Maître Jehan Foulon ;* 5.° sur la sablière du même côté : *Maître Climne*

Grandin, v.[re] de..... ; 6.° sur le sommier transversal, au dessous du crucifix : *In virtute labor*.

En résumé, cette église serait un petit bijou, si elle était ouverte plus souvent, car l'humidité en altère la décoration intérieure, les peintures surtout, qui sont d'un effet agréable.

Dès le xv.[e] siècle, le droit de présentation à la cure de Nullemont, appartenait au prieur de Mortemer, commune du canton de Neufchâtel. (*Histoire du Canton de Neufchâtel* par l'abbé DECORDE).

BIOGRAPHIES.

Caron, JEAN-JACQUES, prêtre, chanoine honoraire de la cathédrale de Versailles (Seine-et-Oise), officier de l'Université, chevalier de la Légion d'Honneur, ancien chapelain du roi, ancien professeur de philosophie, membre titulaire des sociétés d'agriculture, d'horticulture, des sciences naturelles et des sciences morales de Seine-et-Oise.

Né à Nullemont, le 2 décembre 1760, décoré en récompense de ses nombreux ouvrages littéraires justement estimés, l'abbé Caron mourut à Versailles le 2 janvier 1849 âgé de 89 ans. Par son testament il fit don, à l'église de Nullemont, d'une somme de 6,000 francs.

De Brossard-de-Vert-Chesne, LOUIS-HENRI-VITAL, brigadier retraité du 10.e dragons, chevalier de la Légion d'Honneur, inspecteur forestier à Montargis (Loiret), né à Nullemont le 27 avril 1783.

Petit. JEAN-JACQUES, lieutenant retraité du 22.e de

ligne, né à Sainte-Beuve, commune de Caule, le 3 juin 1780.

Conscrit de l'an IX, soldat le 29 messidor an XI, caporal le 15 avril 1806, sergent le 9 juin suivant, sous-lieutenant le 18 mars 1813, lieutenant du 20 mars au 7 juillet 1813. (Cette nomination ayant été annulée par le gouvernement provisoire, fut validée par Louis-Philippe le 19 novembre 1831).

Le lieutenant Petit rentra dans ses foyers le 28 octobre 1815, et fut mis à la retraite le 22 janvier 1817. Il fit les campagnes des ans XII, XIII, XIV, à l'armée des Côtes-du-Nord, 1806, 1807; 1808, 1809, à la grande armée d'Allemagne, 1810, 1811, 1812, en Espagne et en Portugal, 1813, et 1814 à la grande armée, 1815 au blocus de Verdun et à l'armée du Nord.

Ce brave officier, lieutenant de la garde nationale de Marques, de 1830 à 1836, fut blessé le 10 juin 1806 à Heilsberg, le 21 mai 1813 à Bautzen, et le 18 juin 1815 à Waterloo.

Stasson, ISIDORE, caporal au 50.e de ligne, né à Nullemont le 2.e jour complémentaire an V.

Conscrit de 1817 à la 2.e légion de la Seine-Inférieure, devenue le 50.e de ligne le 9 novembre 1819, caporal à la 6.e compagnie du 3.e bataillon le 31 décembre 1821, il fut congédié à Briançon (Hautes-Alpes), le 25 décembre 1823.

Vacossin, CHARLES-FRANÇOIS, grenadier retraité, garde-champêtre de Nullemont, né en cette commune le 4 février 1775, mort au même lieu le 17 mars 1838, âgé de 63 ans.

Varangot, Louis, soldat de la 88.e demi-brigade de ligne, né à Barques, commune de Marques, en 1771.

Il fit, entre autres, les campagnes d'Italie, d'Egypte et de Syrie, et mourut à Nullemont le 20 mars 1843, âgé de 72 ans.

10. RONCHOIS.

Le nom primitif de cette commune doit avoir été **Ronchaie** ou **Ronchais**, qui signifierait : *pays couvert de ronces*, comme l'on dit de nos jours : *oseraie*, *aulnaie*, etc., lieu planté d'osiers, d'aulnes, etc.

Son église, déjà paroissiale en 1250, n'offre de remarquable que les fonts baptismaux formés d'une seule pierre, les sculptures du confessionnal et surtout celles des boiseries du maître-autel, qui encadrent un bon tableau, représentant *le Crucifiement*.

Ormesnil, commune réunie au Ronchois, possède une église construite en 1731. On y remarque le maître-autel et ses ornements ; il est surmonté d'un tableau détérioré représentant *la Trinité*. Ce tableau est encadré par deux colonnes cannelées, en bois et d'ordre dorique, réunies par un fronton demi-circulaire.

Le tabernacle, avec ses galeries ornées de colonnettes, ceps de vigne, statuettes, et dont les faces représentent divers sujets tirés de l'Écriture sainte, et peints sur bois, forme un assez beau morceau pour être mentionné.

Parmi ces tableaux on voit : *Oza, frappé de mort pour avoir touché l'arche ; saint Charles Borromée, archevêque de Milan, donnant la communion aux pestiférés de cette ville ; la Cène*, etc......

La commune de Ronchois compte 354 habitants.

Sausseuzemare, ancienne commune actuellement réunie à **Flamets**, canton de Neufchâtel, fut succursale du Ronchois, lors de l'érection des premières succursales. (*Histoire du Canton de Neufchâtel*, par l'abbé DECORDE.

BIOGRAPHIES.

Levasseur, LOUIS, lieutenant retraité du 1.er d'artillerie à pied, chevalier de la Légion d'Honneur, né à la Chapelle-sous-Gerberoy (Oise), en 1770, mort au Ronchois le 8 janvier 1842, âgé de 72 ans.

Bloquel, ACHILLE-MARIN, maréchal-des-logis à cheval au 8.e d'artillerie, chef du bataillon de Conteville, conseiller municipal du Ronchois, né en cette commune le 23 septembre 1810.

Conscrit de 1830, canonnier le 29 avril 1831, brigadier le 26 avril 1834, maréchal-des-logis le 2 avril 1835, congédié le 31 décembre 1837, il fit les campagnes de 1830 et 1831, en Belgique.

Lesueur, JEAN-LOUIS, sergent au 2.e léger, 2.e bataillon, 2.e compagnie, né à Beaussault le 13 décembre 1789.

Soldat en 1806, caporal en 1808, sergent en 1809, il fit les campagnes de 1810, 1811, 1812 en Espagne et en Portugal, de 1813 et 1814 en Allemagne.

Il assista aux combats de Burgos, de Valladolid, de Salamanque, de Talavéra, de Porto, de Saint-Hérem, du pont d'El-Moras, de Smolensk, de Lutzen, où il fut blessé 'un coup de feu au bras droit, de Bautzen, de Dresde et e Liepsick.

Bloqué à Mayence pendant trois mois, congédié à Ren- es, en 1814, Lesueur est, depuis 1830, sous-lieutenant e la garde nationale du Ronchois.

Grenon, JEAN, chasseur à pied de la garde impé- ale, garde-champêtre du Ronchois depuis trente ans, é en cette commune le 21 octobre 1789.

Soldat au 72.e de ligne, et caporal au 130.e en 1808, hasseur à pied de la garde impériale, en 1814, il compte es campagnes de 1808, 1809, 1810, 1811, 1812, 1813, 814, 1815, et fut congédié après la campagne de 'rance.

Lecomte, FRANÇOIS, chasseur à pied de la garde im- ériale, 1.er régiment, 2.e bataillon 1.re compagnie, né u Val-du-Roy, canton de Londinières, le 26 juin 1778, nort au Ronchois le 5 juillet 1848.

Soldat au 42.e le 11 novembre 1798, caporal le 1.er oût 1804, chasseur à pied le 6 mars 1813, congédié le .er octobre 1815, Lecomte fit les campagnes de 1799 en Iollande, 1800 sur les bords du Rhin, 1801 et 1802 en Suisse, 1803, 1804, 1805, 1806 à Naples, 1807 en talie, 1808, 1809, 1810, 1811, 1812 en Espagne, 1813 en Saxe, 1814 et 1815 en France.

Frichet, NICOLAS, 2.e canonnier à la 19.e compa- gnie du 6.e d'artillerie, né à Beaussault le 18 floréal an II.

Conscrit de 1814, entré par anticipation au 6.e d'artil- lerie en 1813, congédié en 1814, après avoir fait les cam- pagnes de 1813 et 1814 en Italie, le canonnier Frichet, qui réside au Ronchois, fut sous-lieutenant, puis lieute-nant de la garde nationale de cette commune de 1830 à 1839, conseiller municipal de 1833 à 1848, et membre du comité local d'instruction primaire du même lieu, de 1842 à 1848.

Mainé, JOSEPH, fusilier au 28.e de ligne, né au Ronchois le 16 juillet 1820.

Conscrit de 1840, soldat au 28.e le 7 août 1841, il fut congédié le 31 décembre 1847.

11. S.te-MARGUERITE-lès-AUMALE.

Cette commune, qui compte 560 habitants, renferme, dans son enceinte, les ruines de l'abbaye d'Auchy, les chapelles du Cardonnoy, de Sainte-Clotilde et de Morienne, ainsi que les vestiges d'un hermitage.

L'abbaye d'Auchy, d'abord collégiale, fut construite par *Guérinfroy*, comte d'Aumale, en 996, selon les uns, et en l'an 1000, selon les autres; elle fut placée sous l'invocation de St.-Martin, nom auquel elle ajouta celui du fief d'Auchy, sur lequel elle se trouvait.

Guérinfroy y installa six chanoines, et ordonna que l'un d'eux desservirait toujours la chapelle de la Vierge, située dans son château seigneurial.

Dans les annales des Bénédictins, on trouve ce passage relatif à sa fondation.

« Sur les confins de la Normandie et du pays d'Amboise, il existe un ancien lieu fortifié, appelé *Albemarle*, auprès duquel il existe une église consacrée à la Ste.-Vierge Marie et à St.-Martin, le premier des canonisés, devenue plus tard le siége de l'abbaye de St.-Lucien, et enfin érigée en abbaye. Cette église fut fondée, au temps de Richard III, prince des Normands, par un noble homme appelé *Géinfroy*, qui construisit le château d'Albemarle sur la rivière.

La princesse Adélise, sœur de Guillaume-le-Bâtard, duc de Normandie, fit, vers 1052, reconstruire l'église collégiale de l'abbaye. Cet édifice, l'un des plus beaux tem-

14.

ples de la province, et dédié par le bienheureux Maurille archevêque de Rouen, était composé de deux églises superposées, dont l'une servait pour l'hiver et l'autre pour l'été

Ayant retiré, quelques années après, la collégiale aux chanoines, Adélise la donna aux moines de St.-Lucien de Beauvais, et ceux-ci y replacèrent également des chanoines

La collégiale d'Auchy subsista ainsi jusqu'en 1120 époque à laquelle le comte Etienne, fils d'Adélise, obtint son érection en abbaye. Les bénédictins, d'après le consentement de *Girold*, abbé de St.-Lucien de Beauvais, *et de toute sa communauté*, remplacèrent définitivement les chanoines; et, en 1130, l'archevêque de Rouen ratifia les conditions posées comme base de ce changement.

En vertu de ces conditions, les comtes d'Aumale devaient payer, à l'abbaye de St.-Lucien, *une rente annuelle de deux marcs d'argent*, qu'on réduisit, plus tard *à neuf livres;* et, parmi les nombreux priviléges dont jouit longtemps l'abbaye d'Auchy, on remarque celui qu'avaient ses abbés *de siéger à l'Echiquier de Normandie.*

Cette abbaye avait le droit de présenter à la cure de **Flamets**, canton de Neufchâtel. Hugues d'Amiens, archevêque de Rouen lui confirma, en 1154, la possession de cette église. L'église de **Graval**, annexe de **Bouelle** même canton, était aussi sous son patronage, alternativement avec le seigneur du lieu, en 1704 et en 1738. (*Histoire du Canton de Neufchâtel*, par l'abbé Decorde).

L'abbaye d'Auchy fut brûlée, en 1196, par Philippe-Auguste. Son église, après avoir longtemps servi de paroisse à la ville d'Aumale, fut abandonnée aux moines t une chapelle, dédiée à *St.-Pierre,* devint, en 1207, la paroisse de cette ville.

St.-Martin d'Auchy s'appela alors *St.-Aubin*, puis enfin *Ste.-Marguerite* parce que les religieux, venant de se construire une plus belle église, l'avaient dédiée à *Saint-Martin.*

L'église de Ste-Marguerite subit toutes les viscissitudes des temps, et fut succursale jusqu'en 1793. Son dernier curé fut l'abbé *Loisel*, dont nous avons parlé à l'article du collége d'Aumale.

En 1262, les comtes d'Aumale s'affranchirent de l'obligation contractée par eux, de nourrir, à leur table, le chanoine desservant leur chapelle, moyennant 15 *livres parisis par an.*

En 1347, après la bataille de Crécy, l'abbaye qui, jusqu'alors avait été comprise dans l'enceinte d'Aumale, s'en trouva éloignée de plus de deux cents pas, parce que les ravages de la guerre avaient forcé les habitants de se renfermer dans des bornes plus étroites. Les cloches de l'église furent fondues en 1379.

Le pape Nicolas V, par une bulle du 1.er octobre 1448, ayant accordé de nombreuses indulgences aux personnes qui contribueraient à relever l'abbaye d'Auchy de ses ruines, l'abbé Pierre *Roussel* la reconstruisit, sous Louis XII, au moyen d'offrandes que les fidèles s'empressèrent de lui faire.

L'abbaye d'Auchy se trouvant encore en ruines, en 1697, passa aux mains des bénédictins de St.-Maur, le 29 janvier 1704; et elle fut promptement rebâtie.

Le sieur *De Marsy,* gouverneur du château d'Aumale, en posa la première pierre, au nom du duc du Maine, le 25 août 1729, Son église, dont le maître-autel est maintenant celui de l'église de Neufchâtel, renfermait les tombeaux de treize ou quatorze personnes des familles de Guise et de Nemours. Elles furent dispersées, peu de temps après la formation de la ligue d'Augsbourg, par un homme qui vendit le plomb des cercueils, après avoir violé les tombeaux.

De cette abbaye, détruite en 1793, il ne reste plus qu'un long bâtiment où sont logées plusieurs familles, et sur la façade duquel on voit encore trois écussons fort endommagés. Celui du milieu est appuyé sur deux canons montés sur affûts et entourés de drapeaux et armes de guerre. Ce sont probablement les armes du duc du Maine. On y admirait encore, il y a quelques années, une fort belle porte, construite par *Guillaume Leroux de Tilly* premier abbé commandataire, et *Claude de Lorraine*, duc de Guise et comte d'Aumale, dans le commencement du XVI.e siècle. Cette porte était flanquée de deux tourelles gothiques ornées de salamandres et de la devise de François I.er : *Nutrisco et extinguo,* ainsi que de croix, initiales et portraits de plusieurs membres de la famille de Lorraine, élégamment liés par des cordons artistement sculptés.

La chapelle de *Notre-Dame-des-Vertus* est située à l'entrée de l'herbage où se trouvent les ruines de cette florissante abbaye; l'autel est surmonté d'un tableau représentant *Notre-Dame de Bon-Secours;* et les murs sont ornés de plusieurs tableaux et statues.

M. l'abbé *Roger,* curé de Baillolet, près Neufchâtel, et dont les parents sont propriétaires d'une partie de la propriété où fut jadis l'abbaye, vient de faire démolir cette chapelle, et la fait reconstruire, à ses frais, sur de plus grandes proportions. Elle a été bénite par lui le 5 juin 1849, en vertu de l'ordonnance de Mgr. l'archevêque de Rouen. Elle est annexe d'Aumale, ainsi que la suivante.

Notre-Dame du Cardonnoy, chapelle construite en pierres blanches du pays, et située sur un coteau planté de jeunes ormes et au pied duquel passe la Bresle.

Au-dessus du portail, à l'extérieur, se voit une petite statue de la Vierge, placée dans une niche vitrée et grillée. Au-dessous se lit cette inscription : *Nostre Dame du Cardonnoy*, 1659.

A cette statuette se rapporte une légende fort accréditée aux alentours et que nous reproduisons ici :

Un moine de l'abbaye d'Auchy, ayant trouvé cette image de Marie, dans une touffe de chardons, sur le coteau où se trouve la chapelle, la porta à l'église de son monastère. Le lendemain, elle fut retrouvée dans la touffe de chardons; puis après plusieurs voyages successifs de ce lieu à l'abbaye, *et vice versà*, on construisit une chapelle, à l'endroit où elle fut trouvée, dans la persuasion que la Vierge tenait à y rester, et on la dédia sous le nom de *Notre-Dame du Cardonnoy*, qu'elle porte encore aujourd'hui, et qui signifie probablement, en vieux français : *Notre-Dame du Chardon*.

Dans l'intérieur, on remarque les tableaux, ex-voto et gravures qui en tapissent les murs. Sur la base du clocher on lit : *Dilexi, Domine, decorum domus tuæ.* (Psaume .e, verset 9.e) A gauche de cette inscription, se trouve la date 1674 séparée en deux parties égales par deux palmes croisées encadrant quatre étoiles jaunes.

Le berceau peint en bleu d'azur avec étoiles jaunes est

orné à ses extrémités près de l'autel, des portraits de Jésu et de Marie, peints sur bois, et portant la date de 1674

L'autel est orné de sculptures et d'une statue de l Vierge, le tout doré; dans le mur, à droite, on remarqu deux niches en ogive, formées par trois faisceaux de co lonnettes en pierres.

Cette chapelle, fort fréquentée par les fidèles de la vill et des environs, appartient à la famille Lecointe, d'Au male. On y vient surtout aux époques des processions d St.-Marc, des Rogations, du mois de Marie et de la pre mière Communion des enfants.

Morienne, section de Sainte-Marguerite, possède un chapelle, annexe de Marques, et que l'on cherchait à éri ger en paroisse en 1740. On y célèbre l'Office divin, le dimanches et les fêtes; et on y fait aussi les baptêmes mariages et inhumation des habitants du hameau.

Au-dessus du portail, à l'intérieur, on lit, sur un plaque de plomb, ce qui suit : A. S. M. D. CC. XXXI (1732) K. Sept.

Hic me posuit lapidem primariam, hanc ce capellam construens simul et dotans, illa Francisca Saunier, Virg quasi salutifera, eam nos que ut liberet optime Deus, te maximus; ità intercedat Virgo Dei para, ter optima.

En 1192, il existait un *hermitage et une chapelle*, dar le bois de la *Cantine*, qui est plus connu sous le nom d *bois de l'hermitage*. Un religieux de l'abbaye d'Auchy *vou lant y vivre en reclus*, Robert, connetable de Guillaum comte d'Aumale, permit à ce moine de le construire.

C'est sur la grande place située tout auprès, et mainte

nant plantée, ainsi que l'emplacement de l'hermitage et de la chapelle, que dans les 10.e, 11.e et 12.e siècles, les jeunes gens d'Aumale, venaient, le 1.er dimanche de carême, s'amuser à frapper sur un sac de farine, placé sur un pivôt.

Les joueurs ayant les yeux bandés, les maladroits se couvraient de farine et servaient de risée aux spectateurs. Le vainqueur obtenait un paon pour récompense.

Les Eaux Minérales plus connues sous le nom d'*Eaux d'Aumale*, que celui d'*Eaux de Ste.-Marguerite*, furent découvertes en 1775, par *Don Mahon*, religieux bénédictin, et sont renfermées dans deux réservoirs. (Primitivement il y en avait trois.) Elles sont situées dans une prairie, au nord d'Aumale, près de la route n.o 15 bis, de Paris au Tréport.

Jadis en grande réputation, ces eaux minérales sont, encore aujourd'hui en usage ; mais l'établissement et les jardins environnants, où se réunissaient les buveurs, sont détruits ou convertis en grange, prairies, etc.

Successivement analysées par *Marteau, Monnet et autres,* les eaux minérales de Ste.-Marguerite occupèrent le 1.er rang, parmi les diverses sources de ce genre, et M. *Dizengremel*, *J. B. M.* docteur en médecine de l'école de Paris, les analysa le dernier. Il les trouva gazeuses, ferrugineuses, salées, toniques, stomachiques, légèrement astringentes, stimulantes et propres à combattre les maladies chroniques, les hémorragies, etc.

Ste.-Marguerite a deux écoles communales : une à la sortie d'Aumale, l'autre à Morienne.

Le 27 août 1842, à 5 heures du matin, Louis-Philippe se rendant à Eu, avec sa famille et une suite nombreuse descendit et déjeûna chez M. *Renaux*, Isidore, propriétaire, et alors conseiller municipal de cette commune.

BIOGRAPHIES.

NOTABLES.

Chaulieu, (GUILLAUME-ANFRYE, DE) abbé de St.-Martin d'Auchy, né au château de Fontenay (Vexin-Normand) en 1639, mort à Paris, le 27 juin 1720, âgé de 81 ans.

Prêtre, philosophe célèbre l'un des plus polis et des plus ingénieux poètes français, disciple de Chapelle, et ami intime du duc de Vendôme ; il disputa la place de Perrault, (mort membre de l'Académie française), avec le cardinal de Rohan, qui fut élu. Les éditions les plus complètes de ses poésies sont celles de 1733, 2.e édition en 2 volumes in-8.o et de 1751, par M. de St.-Marc. (*Ladvocat. Diction historique.*)

Lemoine, LOUIS-ANTOINE, ex-maire de Sotteville-les-Rouen, chevalier de la légion d'honneur ; ancien conseiller d'arrondissement, résidant à Sotteville.

Crépin, JEAN-FRANÇOIS, maire de S.te-Marguerite, ancien domestique de l'abbé Quillet, curé de Conteville, mort à S.te-Marguerite, le 10 juin 1841, âgé de 81 ans et regretté de tous ses concitoyens. Il fut maire de la commune pendant 27 ans.

MILITAIRES.

Becquet, Nicolas-Marguerite, lieutenant retraité du 26.e de ligne, chevalier de la légion d'honneur, conseiller municipal, et capitaine de la garde nationale de Ste.-Marguerite, mort au même lieu, le 7 septembre 1841, âgé de 65 ans 9 mois.

Né à Lannoy-Cuillière (Oise) le 25 décembre 1775, soldat u 2.e bataillon de l'Oise, le 17 septembre 1791, caporal n 26.e le 24 Frimaire an VIII, fourrier le 2 germinal an XII, ergent le 25 floréal suivant, sergent-major le 18 avril 807, sous-lieutenant le 10 janvier 1809, lieutenant le 31 uillet 1811, il fut décoré le 26 août, même année.

Le lieutenant Becquet comptait les campagnes des ans 792, 1793, 2, 3 et 4, à l'armée du Nord, sous Rochambeau et Luckner, 5, 6, 7, 8, 9, aux armées des Alpes et l'Italie, sous Kellermann, Schérer, Moreau, Joubert, Championnet, Masséna et Brune des ans 11 avec Augereau, sous les murs de Bayonne, 12 à Saintes avec Lagrange, 13, 1806, 1807, avec Dufour, au camp de l'Ile-Dieu, 1808, 1809, 1810, 1811 et 1812 en Espagne et en Portugal sous les maréchaux, duc de Dalmatie, prince d'Essling, et duc de Raguse.

Il fut blessé de deux coups de feu, le 17 nivôse an IX, à l'affaire de Montebello, et le 27 septembre 1810, au combat de Busaco, en Portugal.

Grenadier au 3.e bataillon de la 4.e légion, décoré du is, le 3 décembre 1804, comptant 41 ans 1 mois 2 jours de services, y compris 20 campagnes, le lieutenant Becquet emporta dans la tombe les regrets de tous ceux qui le connurent.

Son successeur comme capitaine de la garde nationale, est M. *Fontaine*, *Alexandre*, cultivateur, son ancien sous-lieutenant, devenu quelques années plus tard, son lieutenant et qui le remplaça, à sa mort. M. Fontaine a, pour lieutenant M. *Crignon*, *Eloi*, garde des forêts du domaine privé et conseiller municipal.

Sueur, Adrien-Antoine, grenadier à pied, retraité, du 1.er bataillon, 3.e compagnie de la garde impériale, chevalier de la légion d'honneur, né à Ste.-Marguerite, le 21 juillet 1770, mort au même lieu, le 5 décembre 1844, âgé de 77 ans.

Soldat en 1792 comptant les campagnes des ans 1792, 1793, 2, 3, 4, 5, 6, 7, 8, 9, 10, 11, 12, 13, 14, 1806, 1807, 1808 et 1809, parmi lesquelles il fit celles d'Egypte et d'Italie, et fut retraité le 22 décembre 1809.

Martin, Joseph-Félix, sous-lieutenant retraité du 43.e de ligne, né à Ste.-Marguerite, le 21 avril 1781, actuellement employé des pompes funèbres à Paris.

Bellanger, Nicolas, sergent-major au 2.e bataillon du régiment d'Aunis, infanterie, né à Gourchelles (Oise) le 4 septembre 1774.

Réquisitionnaire le 23 août 1793, congédié le 5 vendémiaire an IX, il fut lieutenant de la garde nationale de Ste.-Marguerite de 1830 à 1836, et conseiller municipal pendant neuf ans.

Delacourt, Norbert, sergent au 19.e de ligne, né le 22 juillet 1784, à Belloy-St.-Léonard (Somme.)

Soldat en 1805, caporal en 1806, sergent en 1807, congédié le 31 mars 1810, il fit les campagnes de 1805, 806 et 1807, en Prusse et en Allemagne.

Roger, Pierre-Benjamin, sergent de grenadiers au 8.e de ligne, né à Ste.-Marguerite, en 1775.

Réquisitionnaire de 1793, comptant entre autres les campagnes d'Egypte, de Syrie et d'Italie, il mourut à Ste.-Marguerite, le 12 août 1818, âgé de 43 ans.

Sa famille se prétend issue de Roger l'un des 40 aventuriers normands conquérants de la Pouille et de la Calabre, en 1031, et dont les descendants régnèrent sur le royaume de Naples et de Sicile, jusqu'en 1195. Leurs titres et armoiries sont au pouvoir d'un membre de la famille, résidant dans le département de la Somme; mais nous n'avons pu les voir.

Ce qui pourrait accréditer cette prétention de descendre des rois de Naples et de Sicile, du nom de *Roger* c'est qu'une vieille charte de l'église d'Aumale, maintenant perdue, portait que : *Roger* 1.er, *roi de Sicile, mort en* 1101, *donna par la présente aux habitants d'Aumale, le terrain nécessaire pour bâtir le chœur de l'église de St.-Pierre, ainsi que celui où passe maintenant la rue dite de* l'Eglise.

Dans des titres qu'a bien voulu nous communiquer M. *Roger, Casimir*, maire de la commune, on voit que : de 1522 jusqu'à la fin du 18.e siècle, les Roger ont porté le titre de chevaliers, d'écuyers, de seigneurs d'Auchy, de Bétencourt et autres lieux.

On compte parmi les seigneurs de cette famille :

1.° *Roger*, *François*, écuyer, sieur d'Auchy, en 162[illegible] et capitaine d'infanterie, au régiment de Maulévrier.

2.° *Roger*, *Jean*, lieutenant de dragons et capitain[illegible] d'infanterie.

3.° *Roger*, *François*, frère du précédent, capitain d'infanterie et lieutenant-colonel des chevau-légers d Romainville, en 1667.

Les armes des *Roger* sont : *un champ d'argent à 3 léo-pards de sable, au chef de même.*

En 1701, *Charles Roger de Huit-Mille*, était lieutenan[illegible] de la vicomté du duché et pairie d'Aumale.

Piot, Hyppolite-Hyacinthe, sergent de voltigeurs a[illegible] 3.e bataillon du 25.e de ligne, ex-sous-lieutenant de l garde nationale de Ste.-Marguerite, né à Campneuseville le 13 mai 1779.

Volontaire au 25.e le 5 avril 1819, voltigeur le 6 juillet caporal, le 21 août 1820, sergent, le 1.er octobre 1821 sergent-major, le 1.er avril 1827, redevenu sergent, le 1[illegible] février 1828, il fut congédié le 1.er avril 1833, après avoi fait les campagnes de 1823 en Espagne, 1830 et 1831 e[illegible] Belgique, au siége de la citadelle d'Anvers.

François, Jean-Baptiste, sergent au 46.e de ligne 2.e bataillon, 3.e compagnie, né à Neslettes (Somme), l 5 décembre 1793.

Conscrit de 1812, il fit les campagnes de 1812, 181[illegible] et 1814, entre autres affaires, il assista au blocus d'Ham-bourg, puis il fut congédié en 1814.

Polleux, François, sergent au 33.e de ligne, né a[illegible] Vieux-Rouen, le 30 septembre 1817.

Conscrit de 1837, soldat au 33.e le 30 janvier 1839, voltigeur le 1.er octobre 1840, caporal, le 11 décembre suivant, sergent, le 4 novembre 1842. Congédié le 25 janvier 1846, il fit les campagnes de 1841, 1842 ; 1843, 1844 et 1845, en Afrique.

Vatel, François, brigadier au 9.e hussards, né à Neufchâtel, le 17 mai 1782.

Volontaire au 9.e hussards, en 1810, brigadier, la même année, comptant trois blessures et les campagnes de 1810, 1811, 1812 et 1815, en Prusse, en Russie et en France, il fit, à la bataille de Mojaïsk, trois prisonniers russes et deux prisonniers anglais à Waterloo.

Prisonnier à Marienver (Prusse) conduit à Tocma (Russie), il était rentré en France, au commencement de 1815.

Boulle, Pierre, brigadier au 12.e dragons, né à Bussy-sous-Poix (Somme), le 30 mai 1793.

Conscrit de 1812, brigadier la même année, comptant les campagnes de 1812, 1813, 1814 et 1815, en Allemagne, en Russie et en France, il fut congédié après la bataille de Waterloo.

Desainginsel, Denis, matelot de 3.e classe à la 61.e compagnie permanente, né à Paris (Seine), le 13 décembre 1807.

Soldat le 29 janvier 1828, à la 2.e division, passé à la 61.e compagnie permanente, le 1.er janvier 1830, il fut congédié le 4 juillet 1834. Après avoir été aux colonies, à Terre-Neuve, il passa 3 ans 8 mois en croisière, devant

Alger, sur la frégate l'*Iphigénie*, faisant partie de l'armée navale aux ordres de l'amiral Duperré.

Desainginsel est mort le 16 juin 1849.

Grenon, JEAN-JACQUES-ANTOINE, chasseur au régiment de Viennois, né à Morienne, le 16 juillet 1767.

Soldat en 1783, congédié en 1785, garde-forestier de 1785 à 1835, il obtint sa retraite après 50 ans de services.

Parmi les militaires résidant en cette commune, nous citerons encore :

Crotiaux, JOSEPH, soldat du 15.e léger, **Talva**, FRANÇOIS, soldat au 65.e de ligne, **Aubruchet**, ANTOINE, cuirassier au 5.e régiment, **Séguin**, PIERRE-FRANÇOIS-DANIEL, voltigeur au 2.e léger, **Courtin**, NICOLAS-APPOLINE, voltigeur au 39.e de ligne, **Boulnois**, PIERRE-FRÉDÉRIC-EDOUARD, hussard au 3.e régiment, **Tourneur**, **Poilly** et **Prim**, tous soldats n'ayant fait aucune campagne.

Sueur, JACQUES, grenadier retraité du 3.e bataillon de la 88.e demi-brigade de ligne, né à Ste.-Marguerite en 1790, et mort au même lieu, le 25 février 1840, âgé de 70 ans et quelques mois.

Réquisitionnaire de 1793, il fit les campagnes de 1793, des ans 2, 3, 4, 5, 6, 7, 8 et 9 et fut retraité le 14 nivôse an 9, par suite d'un coup de feu qui lui atrophia le tibia de la jambe gauche et le fit réformer, ne pouvant servir plus longiemds.

12. VIEUX-ROUEN.

Le nom de cette commune vient du mot celtique *Vieu* ou *Viex*, qui signifie un *gué* ou *passage* pour aller à Rouen, et non, comme on pourrait le penser, que là fut, jadis, la ville de Rouen.

En 1102 elle avait une église ; et, en 1260, elle eut, en outre, une chapelle nommée *Notre-Dame-du-Canivet.*

L'église actuelle est succursale depuis un an ou deux ; auparavant elle était annexe d'Aubéguimont. En 1846 M.gr Blanquart de Bailleul, archevêque de Rouen, y baptisa un enfant, lors de sa visite pastorale, dans le canton.

Le clocher est flanqué d'une tourelle et renferme une cloche et une horloge.

On remarque dans l'église : 1.° les fonts, formés d'une cuvette et d'une colonne, le tout en pierres blanches et sculpté ; 2.° un tombeau dont les inscriptions sont effacées ; il est placé à l'entrée du chœur ; 3.° un autre tombeau en marbre noir sans inscriptions, placé au milieu du chœur ; 4.° les sculptures dorées du maître-autel et celles des stalles, du lutrin et des lambris du chœur ; 5.° *la Vierge et l'Enfant Jésus*, tableau du maître-autel, donné par l'ex-reine Marie-Amélie ; et 6.° les deux magnifiques bannières données par M.me Borel de Brétizel.

Le château du Vieux-Rouen n'a rien de remarquable ;

il appartient à M. Borel de Brétizel, chevalier de la Légion d'Honneur.

La rue de l'Eglise fut détruite, en partie, par un violent incendie, le 14 juillet 1832.

Dans les bois de Brétizel et du Boitel, situés l'un sur le Vieux-Rouen, l'autre sur Ste.-Marguerite ; on voit les vestiges de deux anciens manoirs ou forteresses, connues sous le nom de *Châteaux Hubaut.*

En 1119, Louis VI, dit Le Gros, ayant réuni son armée au vieux-Rouen, y fit commencer un fort que, par une grossière dérision, on qualifia d'une expression injurieuse. (*Histoire des Comtes d'Eu,* par M. Estancelin). C'est probablement celui qu'on appela pendant longtemps *Mate Putana. Mate Putain.*

Bouaffles., ancienne commune, réunie au Vieux-Rouen, s'appelait jadis *Bosc Affles;* et possédait une église paroissiale, dès 1200; elle compta en outre, en 1341, deux chapelles nommées *Notre-Dame-de-Ressenroy*, et *Notre-Dame-de-St.-Remy.*

Notre-Dame-de-Ressenroy, située sur la propriété de MM. Sergeant et Foulon, maire et adjoint du Vieux-Rouen, appartînt, jusqu'en 1793, à l'abbaye d'Auchy, ainsi que toute la ferme de Ressenroy, qui lui donna son nom.

Cette chapelle est actuellement un cellier et M. Foulon nous a dit y avoir luî-même servi la messe aux moines, lorsqu'ils venaient à Ressenroy, pour recevoir leurs loyers.

Le père de M. Foulon était alors fermier de ce lieu ; il en devint plus tard le propriétaire et y mourut, il y a quelques années, après avoir été longtemps conseiller municipal, adjoint, puis maire de Bouaffles et du Vieux-Rouen.

Basse-Copette, petit hameau de cette commune ut, en 1792, le repaire d'une bande de chauffeurs, justeent redoutés aux environs. **Damerval**, homme d'une orce herculéenne, et **Wattebled**, chefs de cette troupe, urent pris par la garde nationale d'Aumale, qui vînt les rrêter à Basse-Copette.

Le premier, qui brisait ses chaînes à chaque instant, ut conduit, pieds et mains liés, d'Aumale à Amiens, dans n tonneau; puis condamné à mort et exécuté en cette ille; le deuxième fut condamné, le même jour, aux fers à erpétuité.

L'église de Bouafles, jadis annexe d'Hodeng-au-Bosc, est maintenant du Vieux-Rouen. On y remarque les sculpures des sablières de la nef, représentant des ceps de vigne vec des raisins, des animaux, des fleurs et des statues u nombre de quatre. Les sculptures du maître-autel et du abernacle sont aussi bien exécutées. Cette église date de 771.

La population totale du Vieux-Rouen est de 600 âmes nviron.

BIOGRAPHIES.

St.-Germain-l'Ecossais, évêque et martyr, pôtre de St.-Germain-sur-Brêle, (Somme), et des lieux nvironnants, était fils d'un prince écossais nommé ODIN, t de sa femme AQUILE. Né de parents idolâtres, il fut bapsé par St.-Germain-l'Auxerrois, qui fut en même temps on parrain, lorsque ce pontife passa en Grande-Bretagne our y prêcher l'Evangile.

Imitateur des vertus du saint Evêque, ordonné prêtre puis sacré évêque par St.-Sévère, archevêque de Trèves il devint célèbre par ses miracles et ses prédications Comme St.-Romain, archevêque de Rouen, il délivra le lieu où il aborda en France, (lieu dont on ignore le nom) d'un serpent à sept têtes, d'une grosseur énorme, et qui ravageait la contrée. Ce monstre venait d'étouffer un enfant, que le saint ressuscita, après quoi, nouant son étole au cou de l'animal, il l'emmena, comme un mouton, jusqu'au bord d'un puits, au fond duquel il le jeta. Ce miracle lui procura la conversion de 600 infidèles. Ses miracles sont en si grand nombre, qu'on ne peut les rapporter tous

Après avoir répandu la lumière de l'Evangile en Allemagne, en Espagne, en Normandie, où il fit de grandes choses, St.-Germain vint à Bretizel pour y prêcher et il y fut mis à mort par HUBAUT, tyran de la contrée qui lui trancha lui-même la tête ; environ vers l'an 480.

Inhumé par le seigneur de Senarpont dans l'église du prieuré, qui depuis porte le nom de St.-Germain, ce saint martyr est en grande vénération dans toute la contrée.

La commune de *St.-Germain-sur-Bresle*, limitrophe du Vieux-Rouen, possède encore le tombeau et une partie des reliques de son saint patron. On le voit dans l'église derrière le maître-autel. Il est composé de deux grandes pierres de deux mètres de long, l'une posée à plat, sur le sol, l'autre élevée d'environ un mètre, sur laquelle se trouve le portrait au naturel, de ce saint évêque, avec ses ornements pontificaux, mîtré, crossé et foulant aux pieds un dragon.

Les reliquaires représentent : l'un un buste d'évêque et

renferme une portion de la tête du saint ; l'autre en forme de bras, contient un de ses doigts.

Dans le temps où St.-Germain fut martyrisé, il n'existait que le hameau de Brétizel ; ce ne fut qu'après sa mort qu'ayant été inhumé dans l'église du prieuré, il se groupa, tout autour, des habitations qui formèrent la commune et prirent le nom du martyr. Le prieuré était de l'ordre de St.-Benoit ; le prieur et ses religieux étaient tirés, à ce qu'on croit, de l'abbaye de St.-Fuscien, près Amiens, fondée par Frédégonde, et rétablie par Angelrame, comte d'Amiens en 1080, époque à laquelle on lui annexa le prieuré de St.-Germain.

(Tiré de la vie du Saint, par F. P.re Borce, chanoine de Prémontré du couvent de St.-Jean d'Amiens, le 26 août 1646.)

Plusieurs églises sont dédiées à St.-Germain-l'Ecossais, notamment, celles de St.-Germain d'Amiens, St.-Germain-sur-Brêle, Ménil-David, canton d'Aumale, Flamanville et Carteret, au diocèse de Coutances.

Courtin, CHARLES, caporal au 56.e de ligne, 2.e bataillon, 4.e compagnie, né au Vieux-Rouen, le 22 février 1814.

Conscrit de 1834, soldat, le 5 décembre 1836, caporal, le 9 décembre 1837, il fut congédié le 31 décembre 1841.

Bazin, PIERRE-NOEL, ancien gendarme, né à Bouafles, le 24 septembre 1784.

Conscrit de l'an XII, au 57.e de ligne, gendarme en 1811, démissionnaire en 1814, comptant les campagnes des ans 12, 13, 14, 1806, 1807, 1808, 1809, 1810 et partie de 1811, il assista, entre autres aux batailles d'Austerlitz, Iéna, Eylau, Wagram et Toulouse.

Verlin, Louis-François, ancien gendarme, né à Hodeng-au-Bosc, le 11 mars 1788.

Dragon, au 19.e le 1.er août 1807, comptant les campagnes d'Espagne et de Portugal, en 1808, 1809 et 1810, gendarme à cheval, le 22 février 1812, il fut congédié sur sa demande le 1.er mai 1822. Garde-forestier du domaine privé, depuis cette époque, le gendarme Verlin fut, de 1830 à 1836, sous-lieutenant de la garde nationale du Vieux-Rouen, membre du bureau de bienfaisance pendant trois ans, et, depuis fort longtemps, il est encore conseiller municipal de cette commune.

Dron, Jean-Baptiste, soldat au 108.e de ligne, né à St.-Germain-sur-Brêle, en 1792.

Conscrit de 1812 au 108.e il fut congédié en 1815, sans avoir fait de campagnes.

Beaucamp-le-Jeune, commune voisine du Vieux-Rouen, et du département de la Somme, compte parmi les glorieux débris de nos armées, celui dont nous transcrivons ici la biographie.

Dubos, Louis-Léonard, sergent de grenadiers retraité, du 43.e, chevalier de la Légion d'Honneur, né à Beaucamp-le-Jeune (Somme), le 27 juillet 1783.

Soldat au 43.e, le 8 pluviôse an XII, grenadier, en l'an

xiv, caporal de grenadiers en 1808, sergent en 1812, prisonnier, le 14 avril même année, rentré en France, le 2 septembre 1814, il fit les campagnes des ans 12, 13, 14, 1806, 1807, 1808, 1809, 1810, 1811 et 1812.

Blessé à Heilsberg, à Austerlitz, à Eylau, à Iéna, Dubos, fut blessé de deux coups de feu, au pied de la jambe droite, le 14 avril 1812, à la bataille d'Arola, près Malaga, en Espagne et subit l'amputation de sa jambe.

Décoré d'une médaille d'or au couronnement de Napoléon, Dubos fut fait chevalier de la Légion d'Honneur, en récompense de sa bravoure à l'affaire d'Arola et reçut sa croix des mains du général Rey, commandant une portion des troupes françaises à cette affaire.

Voici ce qui lui valut cette décoration :

L'officier commandant le détachement, dont Dubos faisait partie, venait d'être tué, ainsi que plusieurs de ses hommes, d'autres étaient plus ou moins blessés, et le régiment eût été fait prisonnier, lorsque ce brave sergent, malgré ses blessures sut, par son courage et sa fermeté, sauver ses camarades et son poste.

Poursuivis la bayonnette dans les reins les Espagnols regagnèrent honteusement leur camp et Dubos eut la gloire d'avoir sauvé le 43.e

Lieutenant honoraire aux Invalides, il fit partie, en 1815, des 300 invalides, (presque tous ayant une jambe de bois), pris dans l'hôtel, pour défendre le fort de Vincennes, que commandait Daumesnil, brave général, surnommé *la jambe de bois*, et qui répondit si énergiquement aux assiégeants :

Quand vous me rapporterez ma jambe, je vous rendrai Vincennes.

Le brave Dubos, cousin du capitaine Dubos, d'Haudricourt, réside à Escles (Oise) et, comme son ancien général, il est vulgairement connu sous le glorieux surnom de *la jambe de bois.*

A Austerlitz, il s'élança le 1.er sur une batterie autrichienne située au bas du château et qui fut prise par sa compagnie ; puis il blessa et mit hors de combat, d'un coup de bayonnette, l'un des canonniers qui servaient cette pièce.

M. Levaillant, chef de bataillon retraité, dont nous avons parlé aux militaires d'Aumale, à la notice *Levaillant de Torcy,* ayant bien voulu nous adresser copie de ses états de services, nous les reproduisons avec grand plaisir.

Levaillant, Jean-Louis-David, chef de bataillon retraité, du 6.e régiment d'infanterie légère, officier de la Légion-d'Honneur, naquit à Richemont, canton de Blangy, (Seine-Inférieure), le 6 juin 1793.

Volontaire et soldat au 72.e de ligne, le 2 février 1812, caporal le 1.er avril 1813, sergent le 6 juillet, sergent-major le 22 octobre, adjudant sous-officier le 1.er décembre même année, il fut nommé sous-lieutenant le 29 novembre 1814 et mis en non activité, le 31 décembre 1815.

Incorporé le 9 mars 1816, à la légion de Seine-et-Marne, devenue, plus tard, le 56.e de ligne, lieutenant le 4 mai 1820, capitaine au 34 de ligne, en vertu d'ordonnance du 27 octobre 1830, passé avec ce grade et sur sa demande u 3.e bataillon d'infanterie légère, par ordonnance ministérielle du 29 novembre 1834, il fut nommé adjudant-major le 5 avril 1836.

Promu au grade de chef de bataillon au 12.e de ligne, 13 février 1839, une ordonnance ministérielle l'envoya, dans l'intérêt du service, à l'armée d'Afrique, où il prit rang dans le 6.e léger, le 31 décembre 1842.

Le 15 juillet 1815, la croix de chevalier de la Légion d'Honneur fut placée sur la poitrine de M. Levaillant, en récompense de ses loyaux services. Officier du même ordre, le 28 avril 1841, il demanda sa retraite et l'obtint le 15 mars 1845.

Ce brave chef de bataillon, qui réside à Richemont, lieu de sa naissance, compte les campagnes de 1813 et 1814 au 1.er et au 6.e corps de la Grande-Armée, 1815 au 3.e corps en Belgique, 1834, 1835, 1836, 1837, 1838, 1839, 1843, 1844 et 1845, en Afrique, où il assista entre autres, au siége de Constantine, en 1837.

Le commandant Levaillant, qui se distingua devant siége, le 24 janvier 1814, fut mis :

1.o A l'ordre du jour, par le général Desmichel, pour son intrépidité, à Douéra, le 3 avril 1835 ;

2.o A l'ordre du jour, par le général Bro, le 4 août suivant, pour la défense de Bouffarick ;

3.o A l'ordre de l'armée, en octobre 1837, pour sa conduite à la prise de Constantine ;

4.o A l'ordre du jour du 20 décembre 1838, pour sa belle défense de Djimilah, le 2 décembre même année ;

5.o A l'ordre général de l'armée, du mois de novembre 1844, pour sa belle conduite pendant toute la campagne.

En résumé, il compte 33 ans de services, douze campagnes, six actions d'éclat et cinq blessures, savoir :

1.° Un coup de yatagan, reçu à Douéra, le 3 avril 1835

2.° Une autre blessure au bras droit, dans une reconnaissance, vers le Tombeau, le 6 décembre 1836 ;

3.° Un coup de feu à la cuisse droite, le 4 juin 1837 dans une escorte ;

4.° Un autre coup de feu, pénétrant dans la poitrine au côté droit, reçu le 2 décembre 1838 ;

5.° Un coup de sabre au bras gauche, reçu le 5 juillet 1844.

Le chef de bataillon Levaillant commande actuellement le bataillon de garde nationale de Richemont. Lors de la dernière distribution des drapeaux aux bataillons de l'arrondissement de Neufchâtel, par M. le Préfet de la Seine-Inférieure, le 6 mai 1849, il eut le commandement supérieur de tous les détachements réunis à Neufchâtel, tant pour cette cérémonie, que pour la revue qui la suivit.

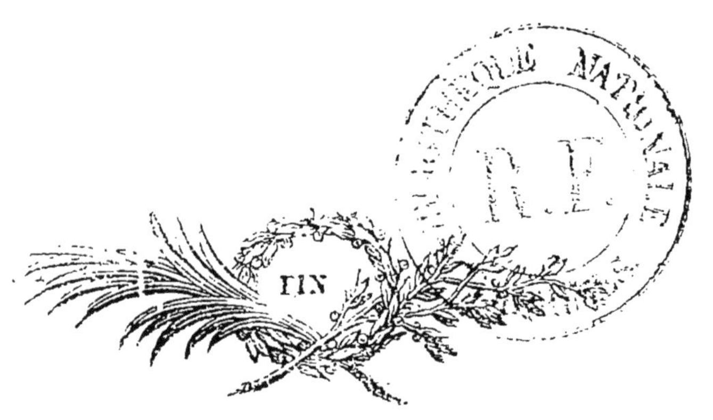

PRINCIPAUX SOUSCRIPTEURS

DU CANTON.

AUMALE.

'rançois dit Félix Thiébaut, maire et conseiller général.
haulefeuille, adjoint.
.efan, conseiller municipal.
alesdent, idem.
.ncelin, idem.
ravet-Lambert, idem.
cuillon, idem.
hevallier, idem.
'vart Alexandre, id.
'hélu, idem.
ourgois, idem.
.ecointe, idem.
ergent, idem.
ognie, juge-de-paix, idem.
eaucousin, idem.
.asseur, juge-de-paix retraité.
.nguerrant, suppléant.
ouquet, greffier.
'aquez, huissier.
.eroux, id.
lavieux, id.
.hauffert, fils, percepteur de Criquiers.
luguenin, com.[is] des droits réunis.
.edet, id.
eoffroy, gendarme.
'iquet, employé à la mairie.
.evaillant de Blangermont, administrateur de l'hospice.
.emaître, vicaire.
Drevet, inspecteur des forêts.
Valentin, membre du comité local.
Larcher, secrétaire du conseil de fabrique.
T. Herlin, porte-drapeau.
Bachelet, adjudant-major.
Levaillant, lieutenant-secrétaire.
Scotté, aide-major du bataillon.
Dumouchel, lieuten.[t] d'armement.
G. Yvart, capitaine des pompiers.
Blandin, lieutenant.
Lepetit, id.
Morin, sous-lieutenant.
Lasnier-Caion, id.
Fauquet, id.
Duparc, piqueur de M. Thélu.
Polleux, professeur au collége.
Bobée, id.
Boulard, vicaire à Caudebec-en-Caux, et ancien professeur, id.
Crevel-le-Bon, négociant.
Payenneville, cafetier.
Pepin, fils, brasseur.
Crevel de Ponthieu, marchand de nouveautés.
Legros, maçon.
Doucement, corroyeur.
Delamarre, farinier.
Cornemuse, bottier.
Godefroi, rentier.
Morin, employé à l'enregistrement.
Gommé, clerc d'huissier.
Bulard, boulanger.

Legros, boulanger.
Gommé, épicier.
Etienne-Defer, quincailler.
Magnier, arquebusier.
Delmasse, ex-huissier.
Meriel, aubergiste.
Mauviel, marchand faïencier.
Barthélemy, bottier.
V.e Hébert, libraire.
V.e Duquénoy, bouchère.
Barré, épicier.
Balazot, garde forestier.
Croisier, employé à la perception de Criquiers.
Grouard, marchand drapier.
Soullez, peintre.
N. Delamarre, épicier.
A. Delamarre, id.
Duval, Henri, tanneur.
Frion, bottier.
Gourde, peintre.
Ducrocq, pharmacien.
Vallette, boulanger.
Dumesnil, marchand de bois.
Lemelle, charcutier.
Lesueur, tailleur.
V.e Caron, libraire.
Damiens, maréchal.
Dauphin, épicier.
Dénogent, père, tourneur.
Bonnaire, tonnelier.
Labitte, fils, propriétaire.
Couaillet, rentier.
Courtin, tailleur.
Miellot, Joseph, rentier.
Trillaud, aîné, charpentier.
Délion, cafetier
Débulleux, aubergiste.
Caron, clerc d'huissier.
E. Yvart, clerc de notaire.
Dubois, tailleur.
Etienne, bottier.
Laloue, menuisier.
Leluin, tailleur de pierres.
Lamour, carrossier.
De Sarcus, rentier.
Joly, tailleur de pierres.
Verlen, menuisier.
Regimbart, tailleur.
Hertel, Achard, menuisier.
Guerbe, bottier.
Boult, meunier.
Jean, forgeron.
Capé, tourneur.
Beaufils, Placide, corroyeur.
Mériel, père, aubergiste.
Etienne, propriétaire.
Gobert, bottier.
Leroy, crieur aux ventes.
H.le Mauger, meunier.
Bisson, journalier.
A. Herlin, aubergiste.
Yvart, drapier.
Evrot, fils, fondeur de cloches.
Lecomte, architecte.
Duthil, aîné, chaufournier.
Berlin, menuisier.
Bouffard, corroyeur.
Flan, ouvrier tanneur.
Delépine, facteur rural.
Duchanteaux, boucher.
Quartier, propriétaire.
Lesur, id.
Gressier, tailleur.
Leluin, ouvrier tanneur.
Godefroy, fils, employé chez M. Yvart.
M.me Dabonval, rentière,
Trocherie, fils, couv.r en ardoises.
Lemoine, Louis, journalier.
Brossard, médecin.
Hubert, charpentier.
Amouret, clerc de notaire.
Guichard, fils, maréchal.
Defer-Poulain, rentier.
Lefévre, meunier.
Beaurain, rentier, au Hamel.
Duclos, ouvrier armurier.
Bettembos, bottier.
Bil, jardinier.
Hernas, père, ferblantier.
Labitte, rentier, rue St.-Lazare.
Joly, aubergiste.
Deponthieu, clerc de notaire.
Thiroux-Piette, serrurier.
Tallibart, négociant.
Larcher de Coupigny, propriétaire.
Revelle fils, charcutier.
Larcher de Coupigny, fils aîné.
Buignet, officier retraité.

Décroix, serrurier.
Testard, peintre.
Pestel, père, briquetier.

AUBÉGUIMONT.

Dumont, maire.
Cossard, adjoint.
Evelin, curé.
Cellier, conseiller municipal.
Grenet, instituteur.
Croisier, capitaine de la garde nationale.
Bailly, cafetier.
Odin, menuisier.
Pépin, militaire retraité.
Delaporte, propriétaire.
Duvauchel, cafetier.
Jourdain, Arsène, cultivateur.

BEAUFRESNE.

Boulnois, maire.
Marcant, ancien maire.
Letellier, instituteur.
Digeon, capitaine de la garde nationale.

CONTEVILLE.

Délion, maire.
Délion-Vitet, adjoint.
Payen, conseiller municipal.
Frument, ancien maire, percepteur à Bouelle, canton de Neufchâtel.
De Fromerie, instituteur.
Gy, garde forestier.
Matte, cultivateur.
Varin, militaire retraité.
Lecomte, bottier.
Le baron d'Anvin de Hardenthun, propriétaire;
Petit, Pierre, fils, cultivateur.
Gy, Ismael, voyag.r de commerce.
Gros, ouvrier cordonnier.

CRIQUIERS.

Buée, maire.
Vigneron, adjoint.
Langlois, curé.
Ledez, François, conseiller municipal.
Morin, Casimir, id.
Boulle, instituteur, sous-lieutenant de garde nationale.
Morin, facteur rural.
Boulle, garde-champêtre.
Déliez, ancien capitaine de la garde nationale.
Varin, maçon, lieutenant, id.
Blais, cultivateur, id.
Digeon, Noël, charpentier, s.-lieut.t
Gy, Jean-Louis, cultivateur.
Balavoine, id.
Letellier, idem.
Jourdain, Charles, id.
Leroux, idem.
Lecoutre, id.
Accard, id.
Desieux, id.
Henry, P.-J., père, id.
Rabeaux, fils, id.

ELLECOURT.

Lesur, maire.
Blin, instituteur.
Dumont, lieutenant retraité.
Sévin, ancien maire.
Sueur, cultivateur.
Leroux, id.
Fenot, fils, id.

HAUDRICOURT.

Pollet, maire, conseiller d'arrondissement.
Journois, curé.
Robard, instituteur.
Mallard, ancien maire.
Sergeant, capitaine de la garde nationale.
Maille, ancien militaire.
Calon, id.
Boulanger-Pepin, id.
Lambert, id.
Maillard, géomètre.
Roger, maréchal.
Psalmon, cultivateur.
Guichard, fils, id.

Morel, cafetier.
Bourlé, marchand de porcs.
Dubost, cantonnier.
Cagnard, journalier.

ILLOIS.

Poussard, maire.
Coussot, conseiller municipal.
Pepin, aubergiste.
Courtin, couvreur en chaume.
Sahé, cordonnier.
Baillieux, fils, cultivateur.
Mommert, facteur de marchand de bois.
Dehodant, Jean-Bapt., journalier.
Dehodant, cordonnier.
Petit, ménager.
Levaillant de Sarcus, propriétaire.

MARQUES.

Monnier, maire.
Galampoix, instituteur.
Morel, conseiller municipal.
Huisse, officier retraité.
Duvauchel, ancien militaire.
Cassard, géomètre.
Petit, Isidore, cultivateur.
Couvreur, id.

NULLEMONT.

Foulon, maire.
Boutin, ancien maire.
Gavelle, garde champêtre.
Petit, lieutenant retraité.
Stasson, ancien militaire.
Pepin, marchand épicier.
Lejeune, boucher.

RONCHOIS.

Bloquel, chef du bataillon de Conteville.
Grenon, ex-chasseur à pied de garde impériale.
Frichet, ancien militaire.
Payen, Louis, rentier.
Pepin, cultivateur.
Allais, cafetier.

S TE MARGUERITE.

Roger, maire.
Lafontaine, conseiller municipal.
Maillet, id.
Legendre, id.
Roger, N., id.
Crignon, id.
By, ancien maire.
Fenot, ancien adjoint.
Sueur, garde-champêtre.
Fontaine, capitaine de la garde n tionale.
Piot, sous-lieutenant, id.
Bellanger, père, ancien conseill municipal.
Delacourt, Norbert, tonnelier.
Bulard, propriétaire.
Fenot, J.-B., cultivateur.
Virginie Foulon, couturière.
Marcelline Becquet, id.
Renaux, marchand épicier et pro priétaire.
Monchy, rentier.
Crotiaux, tailleur.
Cossard, cultivateur.
Parisot, meunier.

VIEUX-ROUEN.

Sergeant, maire.
Semichon, capitaine de la gar nationale.
Lamarre, lieutenant, id.
Dron, cafetier.

Principaux Souscripteurs étrangers au Canton.

Lejeune, instituteur, aux Landes.
Cossard, aîné, cultivateur, id.
Courtin, Pierre, charron, id.
Levaillant, chef de bataillon en retraite, à Richemont.
Capitaine, lieutenant en retr., id.
Guion, maçon, id.
Normand, cultivateur, id.
Dujardin, grainetier, à St.-Aubin, près Gournay.
Boyenval, cultivateur, à Flamets.
Dévigne, cafetier, aux Frestils.
Leblond, avocat, à Neufchâtel.
Barbelet, agent d'assurances, id.
Merlin, aubergiste, id.
Bourgois, géomètre, à Beaucamp-le-Jeune (Somme.)
Bonnaire, charpentier, id.
Masse, tailleur, id.
Nicolas Martin, employé à la halle d'Aumale, id.
Mahutte, adjoint, à Fourcigny, (Somme.)
Robard, fils, cultivateur, id.
Ledez, géomètre, à Gauville (Som.)
Bellemanière, père, ménuisier, id.
A. Lamarre, maçon, id.
Legros, Modeste, id.
Croizé, Félix, cultivateur, id.
Lambert, meunier, à Marlers, (Somme.)
Legros, instituteur, à Dijon, commune de Morvillers (Somme.)
Th. Pepin, propriétaire, à Morvillers, id.
Durieux, badestamier, à Dijon, id.
Tellier, géomètre, à Montmarquet (Somme.)
Heurtevant, cultivateur, id.
François Berger, propriétaire, à la Maronde (Somme.)
Turpin, maire, à Escles (Oise.)
Delamarre, adjoint, id.
Dubos, sous-officier retraité, id.
Berte, cultivateur, id.
Lambert, géomètre, à Blargies (Ois.)
Cuel, Pascal, propriétaire, à Fouilloy (Oise.)
Touzard, sapeur retraité, à Lannoy (Oise.)
By, cultivateur, à St.-Germain, (Somme.)
Poullet, conseiller municipal, à St. Valery (Oise.)
Hubert, charpentier, à Quincampoix (Oise.)
Bonnaire, cordonnier, id.
Camier, charron, id.
Chantelot, Auguste, ouvrier, id.
Bourdon, instituteur, id.
Fauvel, à Grandvilliers (Oise.)
Lambert, cafetier, à Abancourt, id.
Leroux, géom., à Romescamps, id.
Simon, inst.r, à Gourchelles, id.
Thierry, clerc de notaire, à St.-Valery (Somme).

« Je remercie les personnes ci-dessus désignées du » bienveillant concours qu'elles ont bien voulu m'accor- » der, en souscrivant à mon ouvrage, et je leur en suis » infiniment reconnaissant.

» Aumale, le 20 juillet 1849.

» **PAPE.** »

Table des Matières.

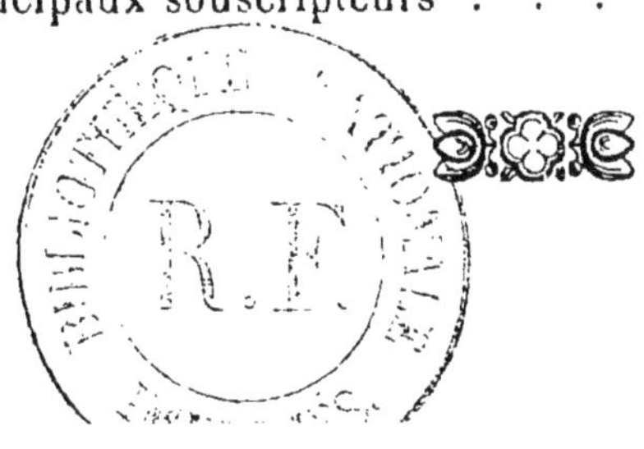

ERRATA.

ages 12, ligne 18, *au lieu de* cavaleraie, *lisez* cavalerie.
18, lig. 6, *supprimez* rien.
19, lig. 11, *ajoutez*, après municipal ; et membre actuel de la commission de l'hospice.
50, lig. 25, à la notice Quartier, *ajoutez* après 1814; et compte les campagnes de 1813 et 1814 au Nord.
53, dernière ligne, *au lieu de* Véronne, *lisez* Vérone.
58, lig. 27, *au lieu de* Manhein, *lisez* Manheim.
89, *ajouter au bas de la page* : A l'intérieur de l'église, on remarque, dans une croisée de gauche, des débris de beaux vitraux peints, représentant *la Vierge*.
92, *ajouter à la notice* CROISIER : Le caporal CROISIER, Jean-Baptiste, vient d'être élu capitaine de la garde nationale d'Aubéguimont, en remplacement de M. **Dumont**, JEAN-CHARLES, nommé maire.
93, lig. 5, *au lieu de* Radajoz, *lisez* Badajoz.
93, lig. 14, *au lieu de* Wirtzbourg, *lisez* Wurtzbourg.
104, lig. 22, *au lieu de* 1767, *lisez* 1807.

Page **111**, lig. 17, *au lieu de* Bosc-les-Puits, ***lisez*** Bosc des-Puits.

121, lig. 27, *au lieu de* l'armée, ***lisez*** l'arme.

135, lig. 21, *au lieu de* 1808, ***lisez*** **1807**.

139, lig. 3, *au lieu de* appelé, ***lisez*** appelée.

141, lig. 26, *au lieu de* est, ***lisez*** et fort propre.

143, lig. 21, *au lieu de* Sausseussemare, ***lisez*** Saus seuzemare.

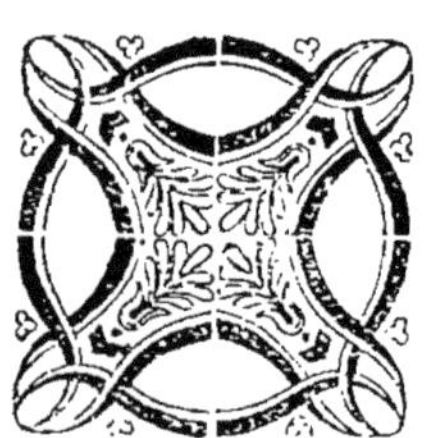

Amiens. — Imp. de Duval et Herment.

www.ingramcontent.com/pod-product-compliance
Ingram Content Group UK Ltd.
Pitfield, Milton Keynes, MK11 3LW, UK
UKHW020125200726
13856UKWH00002B/737

9 782013 0718